バレーボール男子日本代表

15人の肖像

世界文化社

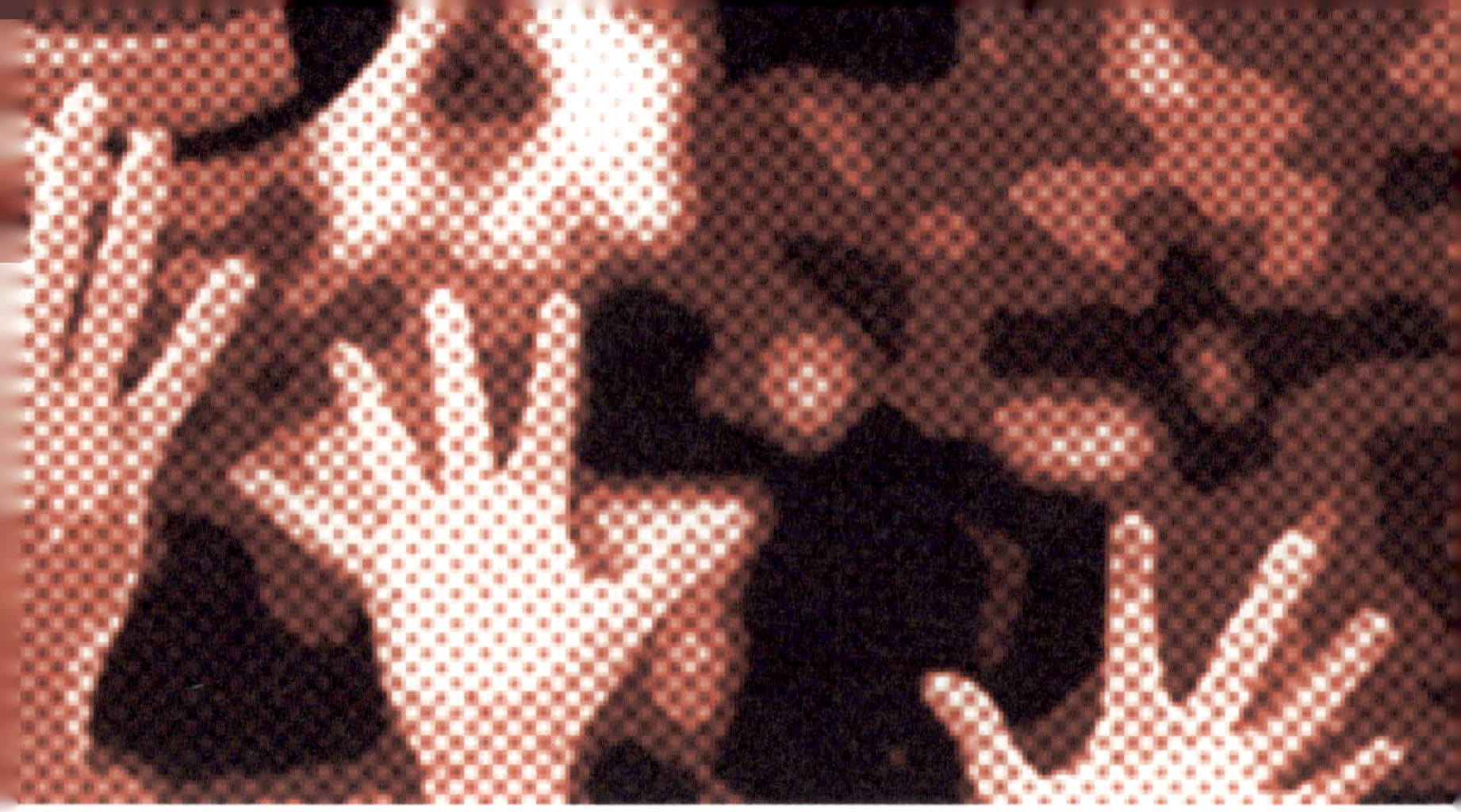

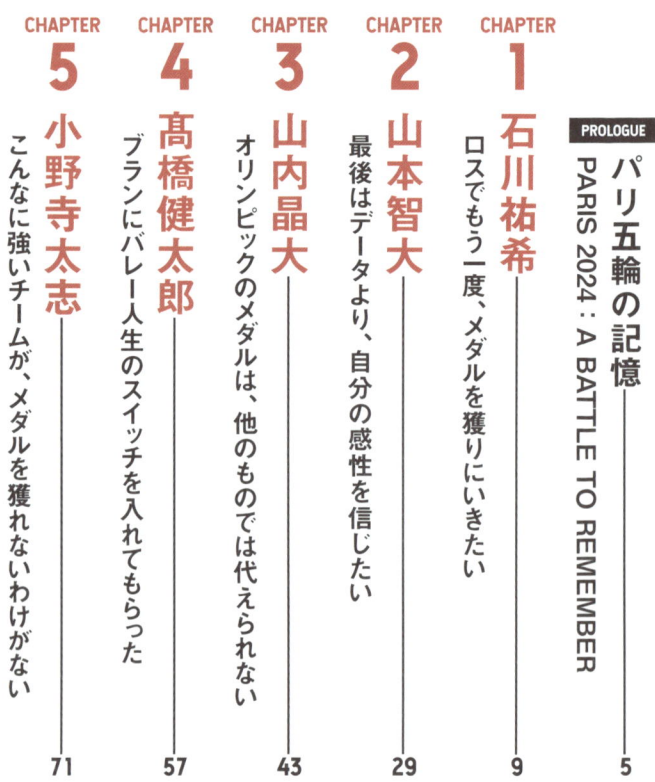

CONTENTS

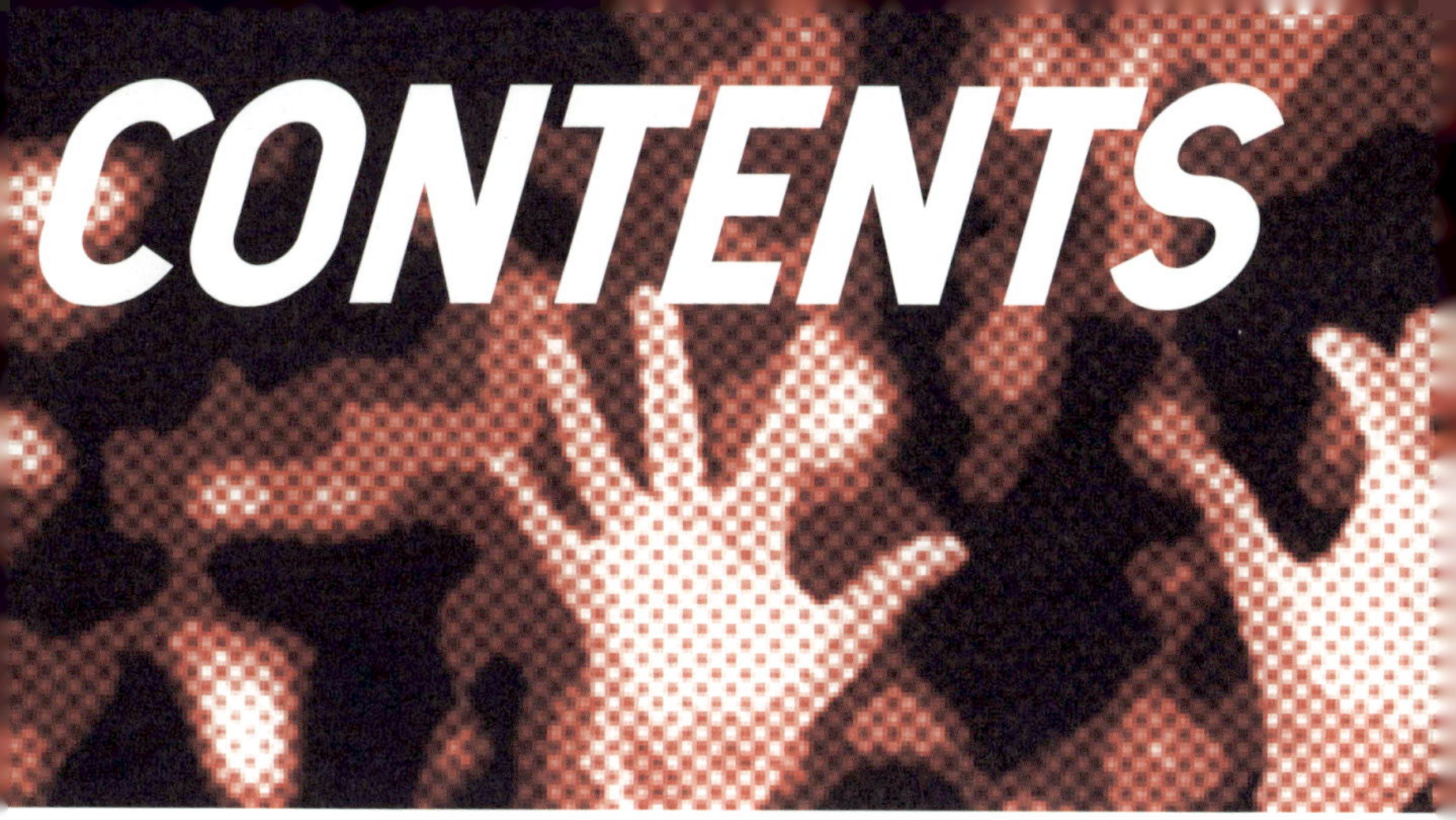

CONTENTS

Photo：Tokyo Sports/AFLO

パリ五輪の記憶

PARIS 2024: A BATTLE TO REMEMBER

PROLOGUE

52年ぶりの
五輪メダルを目指し、パリへ

海外リーグで活躍する選手が増え、フランス出身のフィリップ・ブラン監督のもと着実に成長を遂げた日本代表。2023年のネーションズリーグで銅メダル、24年の同大会では銀メダルを獲得し、世界ランキングは2位に浮上した。選手たちが掲げたパリ五輪の目標は「金メダル」。52年ぶりの五輪メダルをかけた戦いが始まった。

日本 2　ドイツ 3

出鼻をくじかれリズムを掴めず、
痛い黒星

午前9時開始となったパリ五輪の開幕戦。ドイツのベテランオポジット、ジョルジ・グロゼルの気迫と破壊力のあるサーブに圧倒され、第1セットは大きく出遅れた。日本は第2、3セットを取り返し、第4セットも宮浦健人のサービスエースで一時はマッチポイントを握るが、ものにできず。フルセットの末、黒星を喫した。

JAPAN VS GERMANY

Photo : NIKKAN SPORTS/AFLO, Mainichi Newspapers/AFLO, Hiroki Kawaguchi/PHOTO KISHIMOTO, Koji Aoki/AFLO SPORT

JAPAN VS ARGENTINA

日本 3　アルゼンチン 1

西田のサーブやミドル陣の活躍で主導権を握る

初戦に敗れたチーム同士の生き残りをかけた戦い。重苦しい流れを打ち破ったのは西田有志だった。第1セットに5本のサービスエースを奪いチームを勢いに乗せる。小野寺太志、山内晶大のクイックが機能し、サイド陣はリバウンドを取りながら好機を作る日本らしい戦いを取り戻し大会初白星。決勝トーナメントへ望みをつないだ。

日本 1　アメリカ 3

途中出場の大塚が救世主となり1セットを奪取

予選突破の条件は1セットを取ることだが、アメリカのサーブ&ブロックに苦しみ2セットを連取される。ピンチを救ったのは第3セットから投入された大塚達宣。ブロックアウトで小気味よく得点を重ね、感情を爆発させながらハイタッチ。コートの空気が変わり、セットを奪取した。試合には敗れたが準々決勝進出を決めた。

JAPAN VS USA

Photo : AP/AFLO, Koji Aoki/AFLO SPORT, Hiroki Kawaguchi/PHOTO KISHIMOTO, Enrico Calderoni/AFLO SPORT, Kazuyuki Ogawa/PHOTO KISHIMOTO

日本 2　イタリア 3

攻守が噛み合い、
マッチポイントを握るも、あと一歩

予選ラウンドで苦しんだ石川祐希が本来の姿を取り戻し、得点を重ねてチームを鼓舞。山本智大を中心とした好守備がブレイクにつながり2セットを連取し、第3セットも24－21とマッチポイントを握った。しかしそこから連続失点しセットを奪われる。第4、5セットもデュースとなるが"あと1点"が遠く、激戦の末、敗退した。

JAPAN VS ITALY

Photo : Kazuyuki Ogawa/PHOTO KISHIMOTO, TOKYO SPORTS/AFLO, Matsuo.K/AFLO SPORTS, Koji Aoki/AFLO SPORTS, REUTERS/AFLO

CHAPTER 1

ロスでもう一度、
メダルを獲りにいきたい

石川祐希

ISHIKAWA YUKI

Photo : Mainichi Newspapers/AFLO

ユウキがキャプテンだったから、このチームの今がある

「ユウキ、不安要素は一つもないぞ」

パリ五輪準々決勝・イタリア戦の試合前、日本代表のフィリップ・ブラン監督にそう声をかけられました。顔を上げると、ブランはこう続けました。

「ユウキがキャプテンだったから、このチームの今があると思っている。だから自信を持ってやれ」

たぶん僕は、あまり気持ちのいい顔をしていなかったんだと思う。プレッシャーを感じている顔をしていたから、ブランはそれに気づいて、不安を取り除きたかったんでしょうね。この試合がすべてだと、僕は思っていたし、ブランも思っていたから、そういう言葉をかけてくれたのかなと思います。予選ラウンドではいろいろなことがありましたから……。


石川祐希が主将を務めたバレーボール男子日本代表は目覚ましい躍進を遂げてきた。2021年の東京五輪では、29年ぶりに予選ラウンドを突破しベスト8に進出。23年のネーションズリーグでは開幕10連勝の快進撃を見せ、3位決定戦でイタリアを破り銅メダルに輝いた。主要な世界大会では実に46年ぶりとなるメダル獲得だった。

さらに翌年、パリ五輪イヤーのネーションズリーグでは、初めて決勝に進出。フランスに敗れた

ものの銀メダルを獲得し、世界ランキング2位に躍り出た。世間の期待と注目が高まる中、誰より選手たち自身が、自分たちに期待していた。「パリ五輪の目標は金メダル獲得」。そう意思統一して、オリンピック本番を迎えた。

「あー、硬いな……」

パリ五輪予選ラウンドの開幕戦となったドイツ戦で、周りの選手の表情や動きを見ていてそう感じました。第1セットは本当によくなかった。ドイツのエース、ジョルジ・グロゼルの強力なサーブに押されて連続失点し、2-9と大きく出遅れてしまいました。

僕自身はそれほど硬かったわけではなかった。でも後衛からのスタートだったのでなかなか得点に絡むチャンスがなく、その中で1本上がってきたパイプ攻撃がちょっと合わなくて、フェイントをネットにかけてしまったり、横の選手との間でサービスエースを奪われたところがありました。

とはいえ、正直想定内ではありました。まあ、いきなり2-9まで行かれるのは想定外でしたけど、第1セットを取られるとか、最悪負けることもあり得ると一応想定はしていました。でも第2、3セットは自分たちのリズムを取り戻して、第4セットもいい雰囲気で戦えていた。

ただ、ドイツが非常にいいプレーをしていた中で、僕たちが隙を見せてしまった。第4セットのデュースの場面で、タッチネットなどのもったいないミスが出て、逆にドイツがそれを見逃さずにチャレンジ（ビデオ判定）してきた。何よりドイツのパフォーマンスが非常によかった。アメリカや金メダルのフランスにもフルセットまで競り合ったチームですから、間違いなく力がありました。

あとから振り返った時に、一番大事だったなと思うのはドイツ戦。あの試合に負けてしまったことで、ちょっと崩れたというか……。試合中から、「なんかうまくいかないな」「なんかちょっと違うな」という部分があって。それでも勝っていればポジティブにいられたと思いますが、負けたことで「ヤバイ」と少しネガティブになってしまったのかなと。

僕自身は、ドイツ戦はそれほど悪くはなかったんですが、第4セットの途中で足がつってしまった。今シーズンはまったく足がつったことがなかったのになんでだろう？　と考えたら、原因は〝歩きすぎたこと〟しか思い当たらなくて。パリの選手村に入ってから、普段の10倍ぐらい歩いていましたから。

大会中は食事や交代浴などができるJSC（日本スポーツ振興センター）のサポート拠点を利用していたのですが、そこは選手村からバスで5～10分、徒歩で15～20分ぐらいの場所にありました。選手村からシャトルバスが出ていたんですが、ドイツ戦の前日は開会式のため交通規制があり、バスの停留所の場所も変わっていて、そのバス停を探し回って30分ぐらい歩いたり（苦笑）。ミーティングの時間が決まっているので、バスを待っていられなくて歩いて帰ったり。選手村の中で生活するだけでも結構な距離を歩かなければいけなくて、そこはいつもと違う環境でした。普段の国際大会では、ホテルの中で食事でもなんでもできますから。

アスリートなのに、歩いただけで？　と思われるかもしれませんが（苦笑）。もちろん普段しっかり走ったり、トレーニングはしていますけど、走る時に使う筋肉と歩く時に使う筋肉は違うようです。僕は歩くのが好きじゃないので、普段散歩することはないんですけど、たまには散歩も大事ですね。反省を踏まえて、次のオリンピックの前シーズンは、毎日のルーティンに散歩も組み込んで歩く量を増やそうかなと思っています。

でも足がつった以外は、コンディションは決して悪くなかった。それなのに第2戦のアルゼンチン戦や第3戦のアメリカ戦でパフォーマンスが上がらなかったのは、メンタルの部分に原因があったからだと思っています。オリンピックのストレスを感じながらプレーしていたので……。初戦に負けて以降、チームメイトの表情をうかがって、「どうしたらいいんだろう？」と考えたり。そんな僕の姿を見て、周りの選手が気を遣い始めて、悪循環になっていたと思います。

特にアメリカ戦でそれがもろに出てしまった。僕が笑えていないから、みんなも「大丈夫大丈夫」みたいな感じで……僕にめちゃくちゃ気を遣って、「なんとか祐希さんをいい方向に持っていこう」という感じになっていた。そんな中、第3セットから僕に代わって大塚（達宣）が出たんですが、それはチームのためによかったなと思っています。1セットを取ることができ、準々決勝進出も決めることができました。

翌日の練習は自由参加でしたが、僕は参加しました。アメリカ戦は途中までしか出ていなかったので体を動かしたかったし、ストレスもあったので、バレーボールをただしっかり練習して、1回頭の中をクリアにしたかった。

関田（誠大）さんはその日はいなかったので、深津（旭弘）さんにトスを上げてもらってスパイクも打ちました。コンビを合わせるというよりも、ただ僕の打ち方を修正したかった。強く長く打つ感覚をもう一度しっかりと体に染み込ませました。助走の入り方とか、気づいたことは深津さんも言ってくれて。彼は年齢的に一番上で、一番客観的に見られていると僕は思っているので、いろいろと話はしましたね。

ストレスを発散したというよりは、受け入れたというか。「ここからやるしかない」と開き直って、もう一度覚悟を決めた、という言い方が当てはまりますね。

イタリア戦までの2日間でしっかり練習しましたし、他の選手とも話をしました。関田さんともしっかりコミュニケーションを取ったことは大きかったと思います。僕はキャプテンだし、関田さんは一番チームの中心にいて欠けちゃいけない存在だから。

チームとしても、予選ラウンドの負けをしっかりと受け止めて、ここからもう勝つしかない、ここからは負けたら終わり、という覚悟を全員が持てたんじゃないかなと。

そうやって受け入れたものの、まだ僕には不安が残っていたのかもしれない。そこでブランがかけてくれた、「不安要素は一つもないぞ。ユウキがキャプテンだったから、このチームの今がある。だから自信を持ってやれ」という言葉が、残っていた最後の枷《かせ》を外してくれたのかもしれません。

イタリア戦では、「あ、やっと、いつも通りだな」という感覚でした。それまではいつも通りじゃなかったので。

イタリアに対してうまくチームのディフェンスもハマりました。最終的に負けはしましたけど、あれだけいい試合ができた。あとは本当に〝最後の1点〟だったり、細かいところだけだったのかなと。それだけに余計に悔しかったんですけど……。

「勝った」と思っちゃいましたね

準々決勝のイタリア戦で復活を遂げた石川は、味方が好守備で作ったチャンスをことごとく得点につなげていく。〝これぞ世界に誇れる日本のエース〟という本来の姿でチームを牽引し、日

Photo：AFP/AFLO

本は第1、2セットを連取。第3セットも競り合いの末、石川の連続得点で24－21と一気にマッチポイントを握った。

あの時は、もうほぼ勝った、と思っちゃいましたね。もちろんまだ終わっていないというふうには考えていましたけど……。「お、来た」とはやっぱり思ったし、たぶん全員が思ったんじゃないですかね。でもそれが一つの隙だったなと思いますし、逆に「1点取らないといけない」というふうにも思ってしまったので、そこから、スパイクを打ちにいきすぎてしまった。

相手のサイドアウトで24－22になってから、イタリアのセッター、シモーネ・ジャンネッリのサーブが2本続けて、僕とトモ君（山本智大）の間に来ました。1本目は、「うわー！」と迷うあたりに来て、トモ君がギリギリで上げて、（髙橋）藍からレフトの僕にトスが来たんですが、ストレートに打ちにいって、アウトにしてしまった。

相手ブロックの指先を狙って当たらなかったんですけど、そこは当たっていなくてもコートに入れられるような軌道で打たなければいけなかった。打つのであれば、ですけど。あの時はあまり体勢もよくなかったので、リバウンドを取りにいって、ラリーを続けるという考え方もあったと思う。そういう柔らかい発想があの場面では欠けていた。1点を取りにいこうとしすぎて、視野が狭かったのかなと。

あそこで日本ベンチがチャレンジをしたんですが、その判定を待っている間、はっきりとは覚えて

Photo : Mainichi Newspapers/AFLO

いないんですが、たぶん僕はトモ君に「(今のコースは)俺、行くわ」と言ったと思います。

でもそのあとの2本目のサーブも、またちょうど迷うところに来た。僕も、トモ君も行けそうな。こっちに軌道は来ているけど、ジャンネッリのサーブって最後にトモ君側に曲がっていくので、「あー微妙ー!」と迷って、逃してしまい、2人の間でノータッチエースを取られてしまった。

本来であれば僕のボールだと思うんですけど、僕の(スパイクで)1点決めたいという思いが強すぎて、(サーブを)よけるようなかたちになってしまった。「もう、早く試合を終わらせよう」と思ってしまったのかなと思います。それが隙だったのかなと……。

それで24-24になってタイムアウトを取ったんですけど、タイム中、なんとなく「次は(トスが)上

Photo : Mainichi Newspapers/AFLO

がってこないかもな」と思った。次は西田（有志）に上がりそうな感じがしていて、そこでシャットされるのが一番よくないパターンだなという考えがふと浮かび、少し嫌な感じがしていたんですけど、その通りになってしまった。

パリ五輪を振り返った時に、一番記憶に残っているのがこのイタリア戦の第3セットと、第5セットの終盤です。15－15から僕がシャットを食らったシーンだったり。

第3、4、5セットはすべてデュースになりましたが、日本はそこでの被ブロックが多かった。普段ならリバウンドを取って攻め直したりするんですけど、オリンピックは、やっぱり打ちたくなっちゃうんです、大事な場面で。どうしても「これ決めたい」と思って、打っていく選択肢を選んでしまう。打つ場合には、通過点を高くして、長いコースに打たなければいけないんですけど、ブロックをかわして打とうとしたり、中途半端に落としにいってしまったり。そういった判断が甘かった。

どのセットも最後は相手に点を取られたというよりも、自分たちで点を失ったというか、取るべき1点を逃した印象です。しかもベストな、いいスパイクを止められたというよりは、判断ミスや、打ち方をミスしてシャットされたイメージのほうが僕は強かった。第5セット15－15の場面で僕がサイドアウトを取りにいったスパイクも、下に打ちにいきすぎてブロックに捕まりました。

もちろん相手のブロッカーも時には手を引っ込めてきたり、駆け引きもあるんですが、最後の場面に関しては、駆け引きはそこまで重要じゃなかった。僕のスパイクに対して相手ブロックが手を引いてきたケースはそれほど多くなくて、僕がリバウンドを取りにいったところで手を引かれたことはありましたが、それは決して〝この1点〟という重要な場面ではなかった。

〝この1点〟というところでは、僕がムキになったというか、「決めたい」という気持ちから下に打ちすぎてシャットを食らったケースのほうが明らかに多かった。そこが僕の、なんて言えばいいんだろう……判断ミスというか。そこで1点を決められなかった、それが今の僕の実力。そうとしか言えないかなと。

第4セットからブロックされるケースが増えたのは、疲労よりも、第3セットのチャンスを逃したダメージが大きかった。そこを引きずっていた自分は明らかにいました。

引きずって戦うべきではないし、引きずらないに越したことはないんですけど、僕らはやっぱりチャンスが少ないチームなので。それだけに、チャンスの1回をしっかり取り切らなければ、という思いは全員が持っていた。だからたぶん僕だけじゃなくほぼ全員が、あの第3セットを取れなかったことを少なからず引きずっていたと思います。もちろんそれを払拭しようと戦っていましたし、いいプレーもあったけど……。あとは、予選ラウンドであまりうまく回っていなかったことも、頭の片隅には少なからずあったと思います。

ただ、だから負けたということではなく、その状況でも勝つことはできたと思う。結果として負けたからこういう考察をしているだけであって。負けた要因の一つではありますが、すべてかと言われたらそうではない。僕たちのテクニカルな部分や経験値など、他にも挙げればいくらでも出てきます。〝最後の1点〟を取るために、何が必要か。

もう必要なこと、やれることはほぼやってきているので、あとは、あそこで1点を取る経験が必要、としか言えない。ああいう場面を何度も経験することだけが必要かなと。慣れれば、大事な1点だけど、同じ1点として冷静にプレーできるようになると思う。意識しすぎることが、いい時もあるし悪い時もありますから。どういう状況でも、プレーもメンタルも常に一定に保つことが必要だと思います。

今までその〝1点〟を取るためにプレーしてきたので、逆に今後はその〝1点〟にこだわりすぎず、常にいいプレーをすることを心がけてやっていこうと思っています。

ただ間違いなくオリンピックの雰囲気は他の大会とは違っていた。どの国の選手もモチベーションが違うし、感じる疲労も違ったので、それはオリンピックでしか経験できないことだったなと思います。

ブランがプッシュしてくれたから今の僕がある

イタリア戦第5セットの最後は、ネット上のボールをロベルト・ルッソに押し込まれ、15-17でゲームセット。この瞬間、日本のメダル獲得の夢は潰えた。この大会を最後に退任することが決まっていたブラン監督と抱き合うと、石川は背中を震わせて号泣した。

「ごめん。ごめん。決められなかった……」

あの時の僕はブランにひたすら謝っていました。申し訳なくて。

彼と出会ったのは2017年。僕が21歳の時でした。僕がチームの中でリーダーシップを発揮できるようになったのは彼が来てからです。自分のことだけやるんじゃなく、リーダーとして周りをまとめたり、キャプテンシーを発揮するということは、彼から教えてもらったというか、彼がそういうふうに僕をプッシュしてくれたから、今の僕がある。

彼がコーチだった時期（17〜21年）も含め8年間一緒にやってきた中で、ぶつかることもたくさんありました。僕がキャプテンになってからも結構ありましたよ。ブランが言ったことに対して、「いや、それはこうじゃないのか」といった話し合いもありました。彼は結構口うるさいというか、1本に対してすごく厳しくて、それがストレスやプレッシャーになっている選手もいましたから。

メンバーチェンジについても意見を言ったことはありましたね。試合中にも。自分のこともだし、他の選手のことも。でもぶつかるたびに話し合って、いい関係を築けていたから、結果も出てきたのかなと。話せば話すほど、お互いにわかり合えるようになっていったので。

練習前後に2人でよく話しましたし、ブランから相談されることもありました。例えば、ネーションズリーグに行っていた15人の中からパリ五輪のメンバー12人を選んで発表する、その伝え方について。1人ひとり個別に呼んで伝えたほうがいいのか、それとも15人全員を集めてその場で発表したほ

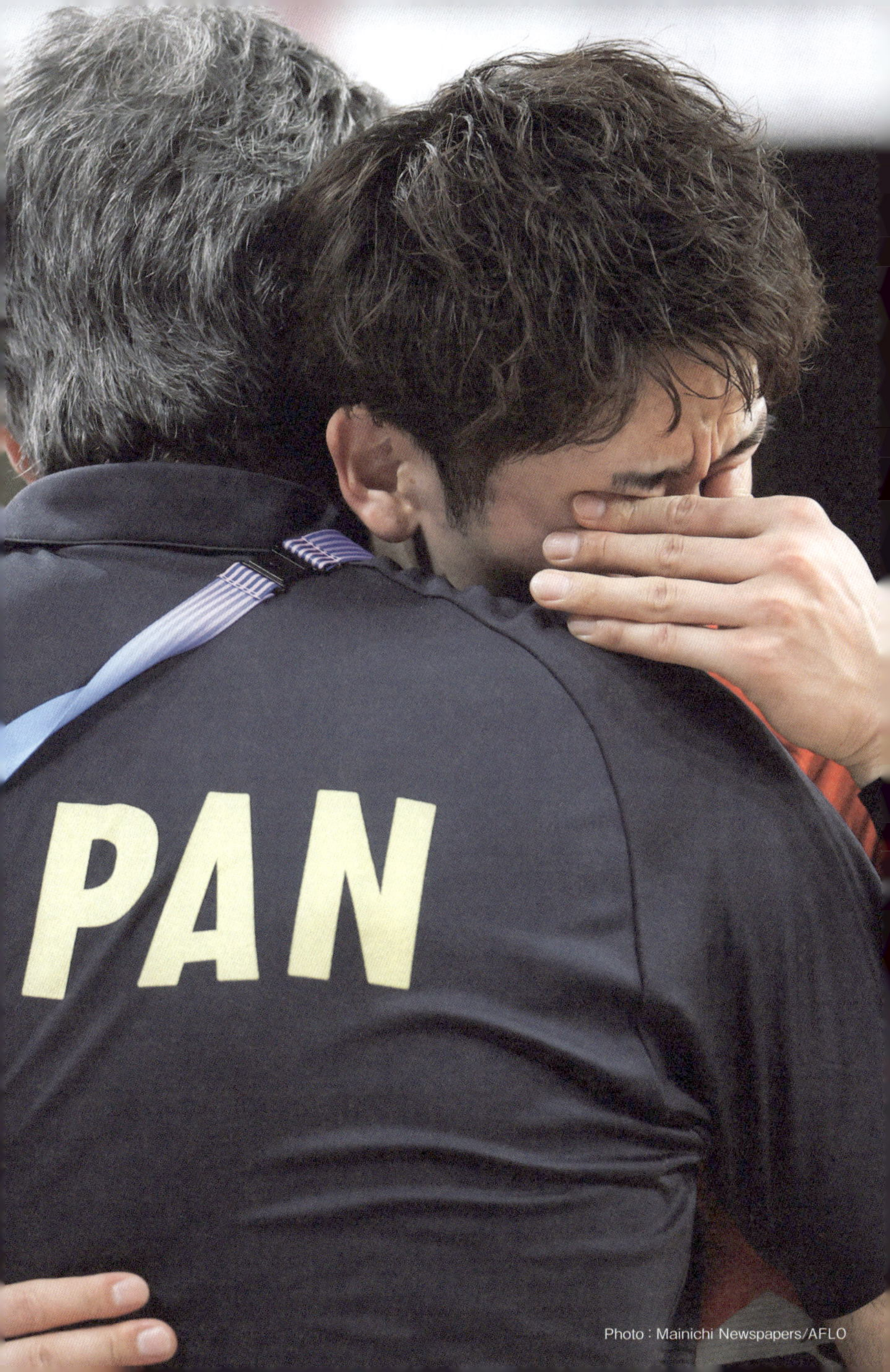

Photo : Mainichi Newspapers/AFLO

うがいいのか、相談されました。

僕は「全員の前で発表したほうがいいんじゃないか」と答えました。

ずっと一緒にやってきたメンバーだったので、1人ひとり別々に伝える必要はないんじゃないかと思って。誰かが外れて誰かが入る、それは決まっていたことで、それが発表されるその時が来ることも決まっていて、全員わかっていた。「ここにいるメンバー全員でオリンピックには行けないけど」という話もしていた。だから、みんなの前で発表するべきだなと思った。

そのほうが、気持ちも入るというか。誰かが外れた時に、「こいつの分まで頑張らないとな」というふうに思えるので。もうずーっと一緒にいたメンバーだから。

ファンや応援してくれる人のために頑張るというのはもちろんなんですけど、それ以上に、自分たちのためというか……。自分のため、チームのため、チームメイトのため、スタッフのため、ずっと一緒に過ごしたメンバーのために戦えるチームであって欲しいなと思ったんです。言葉じゃなく、本気で心で思って欲しかった。みんなの前で発表したほうが、よりそうなれるんじゃないかと考えて、ブランにそう答えました。

ロスも、ブリスベンも、チャンスがあるならやるつもり

2028年のロサンゼルス五輪もやるぞというのは、パリ五輪に出る前から決めていました。

準々決勝のイタリア戦後のミックスゾーンで「ロスもやりますか?」と質問された時は、「まだ考えてないです」みたいな感じで言いましたけど。あの時は、試合が終わった直後だったので……。そのあと、ロスはもうやらないみたいな記事も出ていましたけど、決してそんなことはなくて(笑)。

パリに臨む前から、ロスもそうだし、その先のブリスベンも、僕はチャンスがあるなら、呼ばれるなら、やるつもりでいます。長くトップであり続けたい、長く現役でプレーし続けたいという思いは、僕のバレー人生の根底にあるので。

代表を引退しますとか、休みをもらいますと言う選手もいて、もちろんもう一度体を作り直すとか、家族との時間を大事にするとか、人それぞれの事情や価値観があるので、どれがいい悪いということではありません。代表に行くと時間をかけて体を作れなかったり、家族と過ごす時間を持ちにくいというのは事実ですし。

ただ僕自身は、代表は誰もが目指している場所だし、参加するだけでも光栄なことなので、チャンスがあるなら常に挑戦したい。もちろん怪我があれば休ませて欲しいと考えますが、事情がない限り、僕は選ばれるためにクラブシーズンを送るし、選ばれたらしっかりと結果を残すために代表でプレーする。代表はやはり限られた年齢でしかできないから。若い子たちもどんどん伸びてくるし、チャンスがある時しか入れない。だから、どんな状況でもそこに居続けたいなと。そういうスタンスなので、ロスも目指してやっていきます。

やっぱりパリで負けてしまった分……その思いは強くなったかもしれない。オリンピックでしかできない経験もしたし、それはオリンピックでしか返せない。オリンピックでメダルを獲ることの価値というものを改めて感じていますし。やっぱりロスで、メダルを獲りたいという思いがあります。

パリ五輪のメンバーでまた戦いたいという思いももちろんあります。一緒にやっていて楽しいし、やっぱりパリのメンバーが今までの日本で一番強いと僕は思っているので。この先はわからないですけど。今、若い選手も海外に出たりしているので、僕も含めてパリのメンバーが次、ロスの時にベストかと言われたら、それはわからない。代表は力のある選手が選ばれるべきだと思いますし。

石川はパリ五輪を終えて帰国したわずか10日後に、イタリア・ペルージャでの1年目のシーズンに向けて出発した。「バレーボールさらに極めます」という決意とともに。石川がSNSで発信したその言葉は、イタリア戦の敗戦を受け止めきれていなかった多くのバレーファンの心にあかりを灯した。

24－25シーズンに移籍したペルージャは、まさにバレーボールを極められる環境なのかなと感じています。試合に出られる回数は今までのシーズンより少なくなっていますけど、出た時にはしっかりと活躍できているので、その状態を続けていきたい。僕と同じアウトサイドのカミル・セメニウク（ポーランド代表）、オレフ・プロトニツキ（ウクライナ代表）は昨季の4冠（セリエA、世界クラブ

Photo : Michele Benda

選手権、イタリアスーパー杯、イタリア杯）メンバーで非常に力のある選手。2人はサーブもスパイクもレシーブもハイレベルなので、僕に求められるものも今まで以上に高くなっている。だから日々〝極められる環境〟にあるなと感じています。

このチームでまずしっかりと結果を手にすることが大事。結果というのはもちろん〝優勝〟です。それしかペルージャは狙っていないので。僕にとって初めてのその結果を掴み取ることができたら、自信もつくし、考え方や見えるものもまた変わるのかなと思います。

日本代表の新たな監督には、大阪ブルテオンのロラン・ティリさんが就任することが決まりました。日本をよく知っている監督なので、コミュニケーションはスムーズに始められるんじゃないかと思います。

東京五輪でフランス代表を率い、金メダルという結果を出した監督。オリンピックで勝ったことのある監督というのは、何かしら知っていると思う。そこでの勝ち方なのか、オリンピックに向けたアプローチの仕方なのか、チームの作り方なのか。僕たちの知らない何かを間違いなく持っている監督だと思うので、そこは、うん、本当に楽しみです。

石川祐希

いしかわ ゆうき（シル・スーサ・ヴィム・ペルージャ／イタリア）アウトサイドヒッター。1995年12月11日生（29歳／愛知県）。192cm・84kg。最高到達点353cm。2014年に日本代表初選出。大学時代から海外で腕を磨き世界屈指の選手に成長した。東京五輪代表。星城高→中央大（在学中にModena・Latina）→Siena→Padova→Milano（すべてイタリア）

CHAPTER 2

最後はデータより、
自分の感性を信じたい

山本智大

YAMAMOTO TOMOHIRO

Photo：AP/AFLO

感情がぐちゃぐちゃになって、泣いていた

悔しさ、達成感、寂しさ……あの準々決勝イタリア戦に敗れた瞬間、いろいろな感情がこみ上げてきました。

パリ五輪の4試合はどれも非常に濃かった。でもその中でもやっぱり、最後の瞬間が一番グッときたし、印象に残っています。

もちろんメダルを目指してやっていたので、そこに届かなかった悔しさがあった。自分のパフォーマンスは悪くなかったけど、それでも勝ち切れなかった悔しさも。東京五輪が終わってからは、あの舞台を目指してずっとやってきたので、それをやり遂げた達成感もありました。それに、小川（智大）の思いだったり……。いろんなことが頭の中を駆け巡り、感情がぐちゃぐちゃになって、とりあえず泣いていた、みたいな感じでしたね。

いつもやっていたように、あの試合のあともコートでみんなで円陣になりました。石川（祐希）キャプテンが、「俺についてきてくれてありがとう。最後、俺が決め切れなかった。本当に俺が悪かった」みたいな話をして。僕は泣きすぎて、それ以上はあまり聞き取れなかったんですけど。

そのあとコートに降りてきた小川とハグした時に、「めっちゃよかったっすよ」と言ってくれて。

パリ五輪前のメンバー発表の時、名前を呼ばれなかった小川の泣いている声が、後ろの席から聞こ

Photo : AP/AFLO

えてきた。その時のことが思い出されて、また涙があふれてきました。

彼はたぶんこの時の僕以上に悔しい思いをして、それでもパリまでついて来てくれた。いろんなありがとうという気持ちと、勝てなかった悔しさ、申し訳なさがありました。

イタリア戦は、ベストゲームと言ってもいいぐらいの試合だったんですけど……。

予選ラウンドでの日本は苦しみました。初戦のドイツ戦は、「みんな緊張してるな。硬いな」と感じた。徐々に慣れてくるかなと思っていたんですけど、なかなか。最終セットまでもつれるかたちになって、負けた。1人ひとり背負っているプレッシャーもある中で、オリンピックで1勝する難しさを、あのドイツ戦で改めて感じました。

あの試合はバレーボール競技の開幕戦ということもあって、独特の雰囲気がありましたし、バレー界だけじゃなく、本当に日本中からの期待がかかっているのを開幕前から感じていましたから。テレビをつけたら、「バレーボール男子、メダル獲得か」みたいな特集が目に入り、他にもいろいろなメディアで注目されていた。男子バレーがテレビに引っ張りだこになるなんてことはそれまでなかったし、期待されるのは非常に嬉しかったんですけど、そんなに持ち上げるなよ、放っておいてくれよというのも正直ありました（苦笑）。見るつもりがなくても情報は入ってきちゃいますし。

それに、本当に4年に一度の大舞台なので、結果を出さなきゃ出さなきゃと、選手だけでなくスタッフも前のめりになっていたと思う。それまでの大会に比べるとちょっと難しいメンタリティではあったと思います。

ただ僕自身は、パリ五輪ではずっと好調で、練習の時からボコボコ拾っていて、「いい感じだな!」という手応えがありました。

僕にとっては、メンバー発表までのポジション争いの期間のほうが、ずっとキツかったから。メンバー発表までの約2ヶ月間は、それまで感じたことがないほどのプレッシャーがのしかかり、眠れないし、痩せるし、本当にしんどかった。そのポジション争いから解き放たれて、オリンピックではもうやるだけだなと、「自分がやってきたことを全部出そう」と腹を括っていました。

イタリア戦の分岐点は24点目のサービスエース

だからパリではいつも通り、いや、いつも以上のプレーができていた。ずっと「ここらへんに来たら上げられるな」といういい感覚があったんですが、その中でもイタリア戦は特にフィーリングがよかったし、一番、僕のところにボールが飛んで来て、それをディグできたという印象です。

イタリアとはもともと相性がいいし、あの日も日本のブロックとディグがしっかりハマっていました。

予選ラウンド1位のイタリアを相手に、山本がディグで作ったチャンスを、復調した石川を中心に次々に得点につなげ、日本が第1、2セットを連取。第3セットも終盤にブレイクを重ね、日本は24－21とマッチポイントを握った。

やっぱり石川のポテンシャルは半端ないなと（笑）。一緒にやっていて本当に感じます。第3セット終盤も、僕がディグして、石川がプッシュで決めて24－21。あと1点になった。そこでもう「勝ったっしょ」とちょっと思っちゃったんです。ちょっとというか、たぶん誰しもが思ったんじゃないですか、あの時。たぶんベンチも。勝ったという雰囲気が出ていました。それが、よくなかったかなと。やっぱり25点を取り切るまで気は抜けないなと、終わってみて本当に思いました。

分岐点は、僕と石川の間にボールが落ちたところですね。シモーネ・ジャンネッリのサーブが落ちて、24－24になった。2人とも取りに行けるボールだったんですけど、彼が1歩来るな、というのが見えたので、よけてしまった。でも最後にちょっとこっちに曲がってきた。

返る返らないは別にしても、サービスエースは避けられたんじゃないかと思う。

その1本前もジャンネッリは同じところに打ってきて、僕が片手でギリギリ上げたんです。そこからスパイクがアウトになって、日本がチャレンジ（ビデオ判定）を要求したんですけど、その判定を

Photo : REUTERS/AFLO

待っている間にコートの中で、石川に「今の、俺行くわ」みたいな感じで言われて、「あ、オッケー」という会話をしていました。それでも、自分が行けばよかった。たらればになってしまうんですけど、サービスエースじゃなく、ボールがコート内に上がっていれば、なんとかできたなというのはありますね。

そのあと日本がタイムを取って、その時に（フィリップ・）ブランからは「お前が行けよ」と言われた。「いや、俺らの中ではあいつが取るってなってたんだよ」と、言いたかったですけど、言わなかったですね。そういう会話があっても、僕が行けばよかった。

第4、5セットも取るチャンスがありましたし、選手それぞれが思う分岐点はあるでしょうけど、僕の中ではあそこですね。

お前がベストリベロだろ

試合後はブランに、「今までで一番いい試合だったし、お前がベストリベロだろ」と言われて……。嬉しかったですね。でもパリ五輪が日本代表の監督として最後になるブランに、なんとしてもメダルをプレゼントしたかったので、それができなくて悔しかったし、申し訳ない気持ちがありました。彼には感謝しかなかったので。

彼は非常に芯が通っていて、バレーボールに対して本当に熱心。常に勉強し続けている。毎日映像を見て、僕たちをよりよくしようとし続けてくれたし、日本のバレーを強くしてくれたのはブランなので、本当にありがとうという気持ちです。

選手を見出す力も長けているんだろうなと感じますね。例えば甲斐（優斗）。ブランが見つけて、呼び続けたのはすごいと思います。甲斐は面白いですね。あいつはすごい。これから化けると思います。あとはもう守備だけ。アウトサイドで今後、石川と（髙橋）藍の間に割って入ることも、全然可能性はあるんじゃないですか。石川の対角を打つとか……。まだ大学生ですからね。石川の大学時代よりはるかにすごいと思います。キャラもいいですし。あれはあれでいいんです（笑）。

僕自身も、ブランがコーチだった時からずっと使い続けてくれて、人生を変えてもらった。僕は2019年に日本代表に初選出されたんですが、当初は監督だった中垣内（祐一）さんに「3番手」と言われていたぐらいだったんですけど。

最初は自分のプレーにだけ集中していましたが、ブランに、プレーでいいパフォーマンスを出すだけじゃなく、ディフェンスのリーダーとしてもっと存在感を発揮するようにと求められました。サーブレシーブでの横との関係性をしっかり築いたり、ブロッカーとのコミュニケーションを積極的に図っていったり。数字も大事ですけど、それ以外のところも要求され、評価してくれているのを感じました。ブランといい信頼関係を築いてこられたので、最後の最後にパリで、今までで一番いいプレーができたんじゃないかと思います。

僕はパリ五輪に懸けていましたけど、終わってみて、「次も」と思った。ロサンゼルス五輪も目指すと決めました。年齢的にもまだ行けるなと。リベロだし、怪我もないし。

1年ぐらい（代表を）休む人もいるかもしれませんけど、ロスでメダルを獲りにいくとなったら、やっぱりパリのメンバーが必要になるんじゃないかと思います。オリンピックの前年ぐらいからでもいいからって、僕がメンバーを集めたいくらいですね（笑）。

この間、さっそく関田（誠大）さんの誕生日にＬＩＮＥを送りました。「代表どうするんすか？　やりましょうよ」って。どうするのかはわかりませんけど。

40歳まで現役でやり続けたい

日本代表の新監督には、大阪ブルテオン監督のロラン・ティィリさんが就任することになりました。フランス代表を率いていたティィリさんにとっては、日本代表はチーム作りがしやすいんじゃないでしょうか。フランスと日本はなんとなく似ているというか、フランスは日本の強化版みたいな感じなので。フランスは、日本に比べたら高いですけど、他の海外の強豪ほど高さがあるわけじゃない。1人ひとりがうまくて、ミスが少ないし、ディフェンスがいい。僕がディフェンスがいいなと感じるのは日本とフランスぐらいです。

しかもティィリさんは日本のリーグで5シーズン監督を務めてきたので、誰がどれぐらい、どんなプレーをするかもよく知っていると思う。東京五輪ではフランスを金メダルに導いた経験豊富な監督。

ブルテオンとは違う指導をするのかどうなのか、非常に楽しみですね。ブランとはまた違った考え方を持っていますし。

2人の違いがどういうところか、説明するのは難しいんですけど（苦笑）。例えば、ブランは結構データを重視して、ディグはここに入れ、あそこに入れと細かく言うタイプです。

ティリさんも、もちろん細かい指示は出すんですが、僕が2023-24シーズンにパナソニックパンサーズ（現・大阪ブルテオン）に入団した時、最初に「最後は自分の感覚で」と言ってくれました。そこは非常にありがたかった。たぶん（フランス代表のリベロ）ジェニア・グレベニコフもそうだと思うんですけど、結果的に上がればオッケーみたいな感じなんじゃないかなと。

もちろんデータは大事なんですけど、僕は、最後は自分の感性というか、そういうものを信じたい人なので。パリ五輪のイタリア戦もそうですけど、これまでも僕は結構好き勝手に動いていました。

もちろん自分の感覚でベンチの指示とは違う動きをして相手に決められたら、自分が悪いんですけど、勘というか、リベロには「ここに来る」というのがわかる時があって、僕はそれを信じたい。それは練習から意識してやっています。

絶対に試合の中では、あっち（ベンチの指示通り）か、こっち（自分の予測）か、みたいな迷いや、選択肢が生まれる時があるんです。

いくらミーティングで指示が出ていたり、外から言われたりしても、やっているのはコートの中の選手なので。コート内の状況や相手の状況は刻一刻と変わっていって、それは中にいる選手が一番わかる。もちろんデータは有効だし、真面目に指示通りにやるのは悪いことじゃないんですけど、もう1段上に行くためには、自分で感じて動くこともリベロとして大事だと僕は思っています。

当然相手もこっちを研究してくるので、ミーティング通りにはならないし、自分のいるところになんか打ってこないと思っているので、裏の裏をかいてポジショニングをしたりしていますね。

ブランには、僕がデータ通りにやらずに、ボールを落としたら、うるさく言われました（苦笑）。拾っていたら何も言われないんですけど。

ティリさんにも言われることは言われるんですけど、例えば、今はこういう状況だし、ブロックがここに跳んでいるから僕はここに入りましたと、意図をちゃんと説明したら、理解してくれます。言われた時に僕もフラストレーションを溜めたくないので、クリアにするために、タイムアウト中や試合後にちゃんと説明しますね。

僕は、相手のスパイクコースや、サーブのデータなどは見ますけど、セッターの傾向のデータはあまり頭に入れません。この点差だったらどこに上げるとか、決めつけるのがあまり好きじゃないので。当たる時もあるけど、そうじゃない時のほうが多いから。データだけで頭がいっぱいになると、動きづらくなる。セッターの癖とかは見ていればわかるので、読みながら、考えながらやるようにしています。野生の勘じゃないですけど……結構ハマるんです。

Photo : Kazuya Miyahara

そのあたりは経験を積むほどさらによくなっていくのかなと。今後の選手としての目標は、一番は、長く現役でやること。それと、行けるならオリンピックにもう1回行きたい。まだ先は長いので、1年ずつ頑張ろうと思っています。もちろん、まだ経験のないSVリーグ優勝というのも目標としてあります。

代表に入ったばかりの頃は、海外リーグに行きたいという気持ちがありましたが、今はなくなりました。日本は環境がいいし、SVリーグになって外国籍選手の枠も増え、強烈なスパイクやサーブを日本でも受けられる機会が増えたので、代表で海外のチームと対戦する時にも、不安要素は特にありません。スパイカーだったら、海外のリーグのほうが相手の高さに慣れられるとか、メリットがあると思いますけど、リベロは、日本でやっていてもマイナスというか、ネガティブになる要素はないですね。

僕は40歳までやりたいと思っているので、あと10年はやりたい（笑）。そこまでやっているリベロっていないじゃないですか。昨年引退した永野健さん（大阪ブルテオンコーチ）も38歳だったので。今のところ怪我がないので、引き続き気をつけながら、図太く頑張っていきたいと思います。

山本智大

やまもと ともひろ（大阪ブルテオン）リベロ。1994年11月5日生（30歳／北海道）。171cm・69kg。最高到達点299cm。才能はありながらも日本代表入りは2019年。3番手のリベロからワールドカップ出場を果たして以来、世界トップクラスのリベロへと進化を遂げた。東京五輪代表。とわの森三愛高→日本体育大→FC東京→堺

CHAPTER 3

オリンピックのメダルは、他のものでは代えられない

山内晶大

YAMAUCHI AKIHIRO

Photo：Enrico Calderoni/AFLO SPORT

1点の重さを思い知らされた試合

パリ五輪準々決勝の相手がイタリアに決まった時、そう思いました。イタリアに対してはここ数年、相性がちょっとずつよくなってきていたので。他の、例えばアメリカやポーランド、ブラジル、フランスといった国よりは割とやりやすいというか、ここ数年の戦績はいい相手だから、負けたら終わりのトーナメントで、まず1勝できる可能性がある、と。

「あ、いいじゃん」

イタリアに対しては、ブロックもですけど、特にフロアディフェンスがよく上がっているイメージがある。例えばオポジットのユーリ・ロマーノに対して、リベロのトモ（山本智大）はたぶん相性がいいですし、対角線に打ってきても、マサヒロ（関田誠大）や西田（有志）もディフェンスしやすいタイプ。ミドルブロッカー陣も、めちゃくちゃデカイとか攻撃力があるという感じではないし、アウトサイドのアレッサンドロ・ミキエレットは大きいですけど、割とサーブで崩せるイメージがありました。

それに、アメリカやポーランドは、リバウンドをもらう選手が多いんですけど、イタリアはそれほどリバウンドを取るというわけではないので、打ってきたボールをディフェンスできて、こっちにターンが来るイメージでした。

パリ五輪の準々決勝もそういうかたちで試合を進められて、第1、2セットがあっという間のように感じました。

第3セットで24－21とマッチポイントを握った時はもう「行けた」という感じでしたね。「もうあと1点や！」と。

でも24－23になり、シモーネ・ジャンネッリにサービスエースを取られて24－24になったあたりで、「んー？」という感じに……。

僕はその時後衛だったのでベンチにいて、「もう行けるっしょ」と思っていたのが、24－24になって、「これは前、回ってくるぞ」と。少しずつ不穏チックな雰囲気を感じ始めた。別にコートの中の雰囲気が悪いというわけじゃなかったんですけど、相手が息を吹き返した感じがありましたね。それが一番だったと思います。

第3セットを取られても、僕は引きずってはいなかった。もともと3－0で勝てると思っていなかったところもあったし、1セット取られても、次のセットで行けると。自分はそんな感じでした。こちらがゴタゴタして負けたとか、自分たちに原因があるというよりは、相手を復活させてしまって、それを押し返したり、勢いを断つことができなかったという感覚です。

そこは、自分たちの経験不足が出た感じはしましたね。オリンピックに出ている回数だったり、大きな大会の決勝や、これに負けたら終わり、絶対に負けられないというような緊張感のある試合、切羽詰まった場面の経験の少なさが出たんじゃないか。

あの場面で、イタリアのジャンネッリがああいったストロングサーブを打てるのも、経験の差なのかなと。ミスったら終わりという場面で、あれだけのサーブを打てるのはすごい。本人のもともとのメンタルの強さもあるのかもしれませんが、修羅場というか、緊張感のある厳しい場面でもああいうサーブを打てた経験を、たぶんイタリアリーグやナショナルチームで重ねてきたからなんでしょうね。

最後の1点は、難しいですね。その重さを思い知らされる機会、これほど1点取るのが難しいと感じる機会が、僕たちはこれまであまりなかった気がします。デュースになって最後取れなかったというのはあっても、自分たちが24点で、相手が21点とか22点という、点差があっての「あと1点取れば勝ち」という場面はなかったので……。より1点の重さ、難しさを感じた。まあいい機会といえばいい機会ですけど、勝ちたかった、ですね。

僕らは東京五輪も経験しているけど、あの時は無観客だった。観客が入ってのオリンピックはパリが初めてで、また違った雰囲気でした。

マサヒロ1人にできないよ

パリ五輪は、結果的には残念な、満足のいく結果ではなかったですけど、終わった時は自分自身、出し切った感はありました。

Photo : Kazuyuki Ogawa/PHOTO KISHIMOTO

ただ……パリに出発する前の取材で「サイドアウトマシーンになる」と言っていたんですけど、そうなりきれていなかったなという部分はありました。そう言ったのは、自分にプレッシャーをかけるためでもあった。覚悟を示すというか、自分に言い聞かせないといけないと思って。「言ったからにはそうなろう」と思っていたんですけど、イメージとはちょっと違いました。

マサヒロの助けにも、なっていたのか、なっていなかったのかわからない。決めきれなかった試合もあったし。トス配分については、「ちょうだい」とは言いましたけど、それ以上は、僕はあまり言わなかった。たぶん監督からいろいろと要求されていたと思うので、選手からも「もっと上げてくれ」だとか、ああだこうだ言われすぎたら、彼は板挟みになっちゃう。それはかわいそうというか、かなりストレスがかかっちゃうから。彼はあまりストレスを吐き出したり、人に頼ったりしないので。

パリに入る前のポーランドでの事前合宿の時から、ちょっと繊細になっているのかなとは感じていました。その合宿中、ＡＢ戦でＡチームがうまく回らない時期があって。次の日がオフで、練習が早く終わった日に、(髙橋)健太郎、(小野寺)太志と軽く食事でも行くかと話していて、「マサヒロも誘っていつもの４人で行く?」ということになりました。それで、一緒の部屋だった健太郎がマサヒロを誘ったんですけど、「行かないって言ってる。なんか１人にして欲しいらしい」って。

とりあえず部屋に行って、「マサヒロ行くぞ!」と誘ったんですけど、「いや、俺マジでいいから。絶対行かないから」と頑なで。

「お前1人にできないよ」

「いや、いいから」

そんなやり取りがあって、おごる、おごらないとかいろいろあったあと、なかば無理やり外に連れ出しました（苦笑）。そこでちょっとストレス発散というか、吐き出してくれたのでよかったですけど、もうその頃から集中モードになっているのかなというのはありましたね。

もちろん彼だけじゃなくそれぞれが、オリンピックになるといつも以上に、点数を取らないといけないとか、勝たないといけないという焦りもあるし、これだけ期待されているんだからやらないといけないとか、いろいろなプレッシャーを背負っていっぱいいっぱいだったのかなと思います。

「やらなきゃ」という気持ちも必要ですけど、そこでいかに楽しむかが大事だったのかなと。オリンピックを多く経験しているチームや選手、例えばフランスやアメリカを見ていると、なんか余裕があるな、楽しんでるなと感じたんですよね。自分たちは「やらなきゃ」となりすぎて、自分たちでそのプレッシャーに潰されたというか、ちょっとうまくいかなかった部分はあるのかなと感じます。

こういう経験を踏まえて……、次の2028年ロサンゼルス五輪はどうなるのか、誰が出るかもわからないですけど、今回経験した人間が「こういうもんだよ」と教えてあげられたら、変にプレッシャーをかけすぎずにいけるのかなと。今回、1点を取る重みを知ったメンバーが、そこの舞台にまた何人かでもいたら、日本がもうちょっとのところで行けない、取れない、勝てないじゃなく、「しっかり最後まで」というふうになれるんじゃないかなと思いますけどね。

やっぱりロスを目指したい

山内はパリ五輪のメンバー12名に選出された際に「パリオリンピックは『Last Dance』」とコメントしていた。パリ五輪後は気持ちが揺れている様子で、「現時点では（代表は）お腹いっぱい」と発言したことも。それから数ヶ月が経ち、2025年を迎えた山内の心境は……。

オリンピックで、失ったものじゃないですけど、獲りきれなかったものは、オリンピックでしか獲れないので……やっぱりロスを目指したい。心と体が同じようについてくればですけど。心が「行きたい！」と思っても、体がボロボロだったら、やっぱり厳しいものがあると思いますし。

でも、ロスは、行けるなら行きたい、ですね。

オリンピックで獲れなかったメダルは、他のものでは代えられない。例えばSVリーグとか、ネーションズリーグや世界選手権で優勝しても、もちろん嬉しいことは嬉しいですけど、代わりにはならないので。

パリの前に「Last Dance」と綴ったので、たぶん皆さんに代表を引退するというイメージが届いたんだと思うんですけど、「Last Dance」に関しては、「もう最後になってもいい」という覚悟を表した

Photo : NIKKAN SPORTS/AFLO

言葉でした。自分自身の中で何かを燃やさないと結果が出ない、自分に何か課さなければと思って、そう綴りました。変に出し惜しみするというか、出し尽くせずに終わるのは絶対に嫌だったので、「結果がどうであれ出し尽くす」というのが自分の一つの目標だった。それはできたと思います。

実際、パリ五輪が終わった時点では、「もういいや」という気持ちがありました。このメンバーでやるのも、代表でやるのも最後という思いで、太志や（石川）祐希に、「あとは頑張れよー」みたいな感じでしたから（笑）。

でも月日が経って、よくよく考えると、やっぱりオリンピックで果たせなかったことは、オリンピックで果たすしかないなと。

ただ、10年以上代表活動を続けてきて、それは非常に充実した時間でしたけど、ずっとバレーボールバレーボールで、本来なら体作りができる夏場の期間にそういうことができないまま走り続けてきました。この先もベストパフォーマンスを保つために、コンディションを整えたり、体作りをしたいという思いもあります。もう31歳のおっさんなので（笑）。

代表監督に就任した（ロラン・）ティリさんと話をしたんですけど、1年目（2025年）は体の調整にあてる期間も設け、時期を限定して（代表に）行くという選択肢もあるようでした。26年からはもうそういうのはなく、選考されれば最初から最後まで行くことになると。もちろん選ばれるかどうかはわかりませんが。

だから今年のうちに、痛い部分をしっかり治したり、筋力アップをしたりして、この先戦いやすい体にしておくことは必要かなと。スキル面の模索もそうですし。ロスに行けるための準備を、今年はしたいなというふうに思っていますね。

ジャンプ力や俊敏性をアップさせるのは難しいかもしれないですけど、できればアップさせたいし、極力落とさないようにしたい。それに加えて、うまさや駆け引きといった、経験にものを言わせられるところを極めていきたい。そこをレベルアップさせることで、高さやスピードをカバーして、使える選手になっていきたいですね。

ロスは、35歳になる年ですか。ギリいるっちゃいますね、他のチームにも。パリ五輪だったらアメリカ代表のミドルブロッカー、デービッド・スミス（39歳）やマックスウェル・ホルト（37歳）。ブラジルのルーカス・サートカンプ（38歳）も、ちょっと上ですもんね（年齢はパリ五輪時点）。いるっちゃいますよね。

大阪ブルテオンで5シーズン一緒にやってきたティリさんが代表監督になったことについては、どういうスタイルや考え方でやっている人なのかをわかっているし、僕がどういう人間なのかもわかってもらえているので、すんなりとは入りやすいですよね。

でも違う海外の監督だったとしても、また新しい人の考え方やバレーに触れて、「あ、こういう考え方もあるんだな」と知ることができるので、それはそれでまた面白いのかなと思います。

健太郎と太志は頼りになる弟

同じミドルブロッカーの健太郎、太志とはずっと3人でやってきて……頼りになる弟というか、友達みたいな感じですね。2人とも自分にないものや考え方を持っている人間だし、それぞれの強みがあるので、そこは見て盗もうとか、聞いて学ぼうとしてきました。

健太郎は、めっちゃデータを見ているし、セッターやスパイカーの癖を分析して、ブロックはこういう手の出し方をしたほうがいいといったアドバイスをしてくれます。あいつは体の運び方や使い方、手の出し方というのをよく知っていますね。

太志は、その時々によってスマートに対応できるタイプ。このシチュエーションだったらこのクイック、このサーブというふうに。柔軟さと引き出しの多さを感じます。2人とは、また一緒にできるかもしれないし、やんないかもしれないし（笑）。

でも他の選手も試合で使ってあげないと。自分たち3人がずっと上でつっかえてたら、下の子がなかなか経験を積めない。やっぱり経験させてあげたほうが、いろいろな考え方やプレーができると思う。日本のバレーや日本のミドルブロッカーをよくするには、いろんな選手が入ってきて、試合に出て経験しないといけないとは思いますね。自分もそうさせてもらいましたから。大学3年の時に（当時日本代表監督だった）南部（正司）さん（ハイパフォーマンス本部本部長）になかば無理やり連れていかれて（笑）。絶対に能力的には他の選手のほうがよかったんですけど、使い続けてくれたから、今があると思っています。

深津旭弘が、「日本代表にあった〝弱い前提〟がどこかでなくなったんじゃないか」と語っていたが、パリ五輪メンバーの中でもっとも代表歴が長い山内はどう感じているのか。

その意識は変わってきたと思います。僕は2014年に代表デビューしましたが、当時はワールドリーグ（ネーションズリーグの前身の大会）で1勝できるかどうか、という感じだったし、アルゼンチンに絶対勝てないとか、イランや中国にも勝てないみたいな状況でした。でも今は、勝つのは、当たり前じゃないですけど、勝たないといけないし、勝てる、

Photo：Koji Aoki/AFLO SPORT

という意識がある。そこの考え方や体感は変わってきていると思います。いつ頃からかな……。2023年のネーションズリーグで3位になったあたりからじゃないですかね。勝って当たり前じゃないけど、勝たなきゃいけない相手、試合、というふうに思えるようになっていった。

みんなで話し合って、パリ五輪の目標を〝金メダル〟に設定したのも、23年、24年のネーションズリーグやパリ五輪予選を踏まえて、ある程度自信があったからなので。

もしもパリ五輪でメダルを獲っていたら、僕は代表をやめていたと思います。現役は続けていましたけどね。

たぶん現役を引退するのは、自分の満足できるプレーができなくなった時。「これをもう決められなくなったのか」とか「もうこういうプレーができなくなったのか」と思った時じゃないですかね。もしかしたら松本（慶彦）さん（日本製鉄堺ブレイザーズ・44歳）ぐらいになっているかもしれない。いや、たぶん自分はさすがにそれは無理ですね（笑）。でもまだまだプレーを見てもらえるように頑張ります。

山内晶大

やまうち あきひろ（大阪ブルテオン）ミドルブロッカー。1993年11月30日生（31歳／愛知県）。204cm・85kg。最高到達点354cm。高校からバレーを始めたが、高身長を買われて高3で国体に出場。2014年に日本代表入りして以来、国際大会で経験を重ね力をつけた。東京五輪代表。名古屋市立工芸高→愛知学院大

4
CHAPTER

ブランにバレー人生の
スイッチを入れてもらった

髙橋健太郎

TAKAHASHI KENTARO

Photo：Enrico Calderoni/AFLO SPORT

さすがに無得点では終われないだろ

パリ五輪のコートで国歌を聴いた時は、感動したし、誇らしい気持ちになりました。パリには家族も来てくれていたので、「本当に支えてもらったな」と。東京五輪に出られなかった時のことや、家族と歩んできたそれまでの道のりを考えると、こみ上げてくるものがありました。

僕の初得点は第3戦のアメリカ戦。第2セットから入って、1本目のトスを決めました。サーブレシーブがちょっと乱れて、縦割れだった（ネットから離れていた）んですけど、「関田（誠大）さん絶対使ってくるだろうな」と思ったので、しっかり入っていました。

よかった、と密かにホッとした部分はありました。

「さすがに無得点では終われないだろ。山形県でどんだけパブリックビューイングやってくれてんだよ」と思っていたので（笑）。

僕の地元の山形でパブリックビューイングが行われ、約700人も集まってくれたそうなんです。でも僕はドイツ戦もアルゼンチン戦もほぼベンチだった。

「髙橋健太郎さんがベンチから応援する姿が映ると、街のみんなは声援を送り、盛り上がっていました」みたいなニュースの映像が父から送られてきたんです。

ベンチで声出してる姿が中継されて、それに対して声援が沸くって、本当に優しい街の方々だなー

Photo : REUTERS/AFLO

と思って（笑）。しかも横断幕や垂れ幕まで作ってもらって……。マジで申し訳なさすぎると思った。このまま試合に出られなかったらどう申し開きしようかと思っていたので、試合に出られて、点を決められてよかったです。アメリカ戦ではチャンスが来るんじゃないかと思ってはいましたけどね。

ドイツ戦のあと、「オリンピックでこのまま1点も取らなかったらどうしよう。こんなんで俺、オリンピック選手だなんて言えねえよな」と悶々としていると、お義父さんが妻を通じてメッセージを送ってくれたんです。

「初戦は華々しいデビューではなく、チームも敗れて、健太郎君にとっては苦しいものになったかもしれない。でも君は土壇場で必要とされる、そういう星のもとに生まれている人だから、今回もきっとピンチの場面で必要とされて、結果を残して日本に帰ってくると期待しています」

そのメールを見せてもらって、そうだよな、と。お義父さんはめちゃくちゃいい人なんです。会社の経営者で、いろんな局面を乗り越えてきた方なので、いつもすごく心に響く言葉を僕にくれます。2021年の東京五輪で僕がメンバーから落選した時もそうでした。

あの時はあまりに悔しくて、絶望していて、人から何を言われても響かない状態でした。「平凡な人生を送っている人にはこんな挫折やこんな悔しい思いはわからないでしょう」みたいに思うぐらい、心がひん曲がっていた（苦笑）。でも、お義父さんの言葉は素直に受け入れられました。

「オリンピックに出るのはすごいことだけど、別にオリンピアンの健太郎君が息子だから嬉しいわけじゃなく、バレーボールを一生懸命やって家族を養ってくれている、それが嬉しいんだよ」

「26歳（当時）なんて、バレーボール競技においても、人生においても、まだ3合目ぐらい。だからそんなに今アクセル全開で行かなくてもいいんじゃないか。人生という山の頂を顎をあげて見上げ続けるのは大変だから、地道に下を向いてコツコツやっていくことが大事だよ」

そんな話をたくさんしてくださって、本当にありがたかったです。落選後は山形には帰れなくて、茨城にある妻の実家に帰っていました。地元ではどこに行っても「オリンピック期待してるよ」と言われていたので、面目なさすぎて帰れなかったから。

それからはお義父さんにいろいろなことを相談させてもらっています。本もたくさん送ってくださいます。「健太郎君に通じるところがあるから」と付箋を貼ったり、マーカーを入れて送ってくれるんです。お義父さんは「実るほど頭を垂れる稲穂かな」という考え方が好きなので、それに通じる部分にマーカーを引いてくれたり。哲学、経営に関する本や、偉人の自伝を薦められて、宮本武蔵の本から始まり、自伝を読むのが好きになりました。こう見えて僕、結構読書家なんですよ。

予選ラウンドでの日本は、選手のパフォーマンスが上がりきっていない中、勝たなければというプレッシャーがありました。結束力の部分でもちょっとチグハグなところがあって苦しかった。どの相手も強く見える感覚でした。それまではどこに対しても「全然行けるっしょ」みたいな感じだったのに。

でも準々決勝のイタリア戦は、「もうやるしかねえだろう」みたいな雰囲気になれた。僕はその前日にスタメンだと言われていたので、「俺、マジで明日ブロック止めまくるから、期待しとけー!」と盛り上げるようなことをあえて言っていました。関田さんにも「やろうぜ! 楽しもうぜ!」と言いながら試合に入っていった。実際、楽しんだとは思うんですけど、本当に必死すぎてイタリア戦はほとんど覚えていません(苦笑)。

第3セット24-21のマッチポイントの時のことも、よく覚えていなくて。コートの中にいたんですけど。でも、勝てるとは思っていました。(24-22で)シモーネ・ジャンネッリにサーブが回って、1本ブレイクを取られても、さすがにもう1本は取られないだろうと思っていた。2本行かれても、3本目で取り返せる、最終的には絶対取れると思っていたんですけど……。

ああいうゲームになるとキツイですよね。僕たちはずっと同じメンバーでやってきたから、もう自分たちがやりたいバレーを相手もわかっている。向こうはサーブで攻めて、日本の速いテンポを少しでもゆっくりにして、ブロックで仕留めにいく。後半はその戦法を取られて、相手のほうが余裕がありましたね。

準々決勝の相手がイタリアに決まった時は「マジか」と喜びました。フランスやアメリカはやめてくれと思っていたから。イタリアだったら負けない、絶対勝てると思ったし、メダルも見えてくると思った。でもそんなに甘くなかったですね。そんなもんじゃないですか、スポーツって。人生って。

Photo : REUTERS/AFLO

そんなに簡単にいろんなものが手に入ったらね……。やっぱりそれぐらい難しいからいいんじゃないですかね。

どうして君はそんなに変わったんだ？

あのイタリア戦が、フィリップ・ブラン監督と一緒に戦う最後の試合になりました。試合後は「頑張ったな、ケンタロウ」と言われた。僕からは「あなたのおかげでここまで成長できました」と伝えました。

「うるせえな」とか思ったこともあったけど、僕、ブランのこと本当は好きなんですよ。だって、どう考えても彼のおかげですから、僕がここまで来られたのは。

2021年の東京五輪に選出されなかった時、悔しくて、彼を見返したくて……。あの時、彼にバレーボール人生のスイッチを入れてもらったんです。そのおかげで考え方も姿勢も変わった。

それまでは努力することなんてなかったですから。才能はあったけど、ただ高さがあっただけで、ミスは多いし、これという武器がなかった。そこから、ミドルブロッカーとしてまずスパイク、ブロック、サーブの3つすべてで一流になりたいとブラッシュアップして、その上でさらにブロックをもっと尖らせようとやってきた。自分で相手のデータや映像を必死に見て癖を見つけたり、対策を研究したりするようになったのはそれからです。僕は「これだ」と心が決まったことに対する集中力は、我ながらすごいんです。

ブランに見せつけられる一番わかりやすいものはブロック賞やスパイク賞といった個人賞だろうと考えて、「今シーズン（21－22シーズン）は絶対に個人賞を獲る」と妻に宣言しました。そういう目に見える結果を出して、ブランに「どうですか?」と突きつけたかった。

それでブランに「欲しい」と言われたところで、断ってやろう、と。そこまで思い描いていました。

「どうして君はそんなに変わったんだ?」

東京五輪から約4ヶ月が経った21年12月にブランが来日した時、そう言われました。僕は「努力したんだよ」と。ブランは「本当に君は姿勢が変わった。プレーヤーとしてものすごく賢くなったね」と目を丸くしていました。

で、「代表に来てくれよ」と言われて。「行きません」と言おうとしたけど、結局行きましたね（笑）。

そのシーズンはVリーグ（現・SVリーグ）で初めてブロック賞を獲得し、代表に行きました。

ただ22年の夏、僕は代表を離れる決断をしました。その頃は次女が産まれたばかりで、妻1人で2人の娘の育児をするのはあまりに大変ですし、僕自身も子供たちと一緒にいたいという気持ちが強かったので。まあ妻には、僕がいても変わらない、むしろ僕がいたほうがキツイって言われるんですけど（苦笑）。

根底には、東京五輪後の価値観の変化もありました。21年までは東京五輪にすべてを懸けていました。でもそこにたどり着けずに落選し、一時はバレーをやめようとも思った。妻やいろんな方の励ましもあり、またバレーを頑張れるようになりましたが、それからはオリンピックや日本代表が第一ではなくなり、自分の成長を一番に考えるようになった。オリンピックというブランドにも「もう前みたいに興味ねえな」と思うこともありました。それより、生活のために、家族のためにバレーをやって、自分のキャリアを築いていくことのほうが大事だと考えるようになっていました。

帰ったらもう代表に呼ばれなくなることは覚悟の上。だから代表引退のつもりで、みんなに「本当にありがとう。じゃあな」と言って、代表を離れました。

自分の力を試してみろよ

でも、翌年の23年、僕は代表に戻りました。いろいろな理由がありますが、その一つに、藤井直伸さんの存在がありました。

東京五輪日本代表のセッターで、髙橋とは東レアローズ（現・東レアローズ静岡）でも共にプレーした藤井さんは22年2月、胃がんと診断されたことを公表し、治療に専念した。だがコートを離れてもチームメイトのことを気にかけて頻繁に連絡を取り合い、髙橋の精神的な支えとなっていた。

藤井さんは僕のメンターでした。入院してからもまめに連絡をくれて、いつも熱い言葉をかけてくれた。僕が22年の夏に代表を離れて東レに戻ったあと、藤井さんに会いにいったら、「お前らしくていいんじゃねえの」と笑いながら、こう言ってくれました。

「でも、俺だったら絶対行くけどな、パリに。自分の力を試してみろよ。お前だったら絶対、外国人相手にやれる。お前ぐらいだぞ、やれるのは。絶対行ったほうがいいよ」

藤井さんは23年3月10日にこの世を去りました。藤井さんはずっとパリに行きたい、オリンピックに出たいと言っていました。それに、僕がもっともっと成長できるって、ずっと信じてくれていた。その成長できる機会が僕にはあるし、欲しくても欲しくても、それが手に入らない人がいるのに、僕がそうやって楽なほうに流されていくのは絶対によくないと思った。

毎回、僕が成長するのは、自分が苦しいな、つらいなと思った方向に舵を切った時だった。そうしていろいろなことを考えた結果、代表に戻りました。

それで、その年の秋に行われたＯＱＴ（パリ五輪予選）で出場権を獲得した。あの時にも、「もういいや」と思ったんですよ。「オリンピックに出るために活躍したこういう選手がいたけど、本大会は、なんか自分の都合で行かないんだって。カッコイイね」と言われるのもいいなって。だから僕の出番はここで終わりでいいか、と思った。

その裏には、オリンピックの選考への恐怖心がありました。ＯＱＴやネーションズリーグはベンチ入りメンバーが14人ですけど、オリンピックは12人。僕は東京五輪で落選を経験していたので、またオリンピックの年に、選ばれるか選ばれないか、そのふるいにかけられるのがやっぱり怖かった。21年のセレクションの時は本当に恐怖を感じていて、バレーボールが怖くなり、まともに対人練習もできないぐらいだった。それが思い出されて、そこに戻りたくないと思ってしまった。モチベーションが高くて自信がある自分をもう失いたくなかった。

でも人間って欲深いもので……。OQTを編集したDVDを観ると、めちゃくちゃ感動して、あのチームにいられる誇りをすごく感じ、やっぱりオリンピックに出たいと思った。だからオリンピックイヤーの24年1月1日に、妻の実家で決心しました。妻にもこう背中を押されて。

「出られなかった東京五輪の年から、健太郎は飛躍的に成長した。その経験を覚えてるでしょ。また挑戦するということは、また自分を変えられるチャンスだし、自分がまた違う世界に行けるということだから、そのドアを開くことを恐れなくてもいいんじゃない？」

確かにそうだな、と。僕はまたびびって、決意が揺らいで「やっぱやめようかな」と言い出しかねないので、その日、「オリンピックを目指します！」と宣言する動画を撮って残しました（笑）。

控室に戻った瞬間「もう1回やりてぇ！」

パリ五輪は、今度こそ代表は最後だと思って臨みました。常にやめてもいいと思っていたから。毎年毎年、自分のやりたいことや家族との時間を犠牲にして、ずっと転戦していくというのは、精神的につらいんですよ。人間なので。機械じゃないから。メンテナンスというか、心を休める時間もそろそろ欲しいな、と。僕も10年ぐらい代表にいたので。だからいいタイミングだなと思ったし、オリンピックや日本代表へのモチベーションも以前ほど高くなくなっていたから。

でも、パリでメダルを獲れなくて、悔しくて……。

やっぱりオリンピックで作った借りは、オリンピックでしか返せない。だってオリンピックのメダルって、その大会でしかもらえないじゃないですか。SVリーグだったり、他の大会で優勝しても、オリンピックのメダルはもらえないでしょ。そう考えた時に、やっぱりオリンピックのメダルが欲しいと思った。カタチに残したいんですよね。証というか。足跡や記憶に残っただけで終わるんじゃなく、カタチに残したい。

今は昔ほどオリンピックが遠くなくなった。昔は日本がなかなか出場権を獲れなくて、出るまでが本当に大変だったから、出たら素晴らしい！　という感じだったし、この世代は数えるほどしかオリンピアンがいないよねと言われていた。でも4年に1回出られるようになったら、その中のただの1人になって、埋もれちゃう。だから、カタチあるものを残したかったなという悔しさで、もう1回やりたいと思っちゃった。

負けた瞬間は「終わった」と思ったんですけどね。イタリア戦直後のミックスゾーンでも、「代表は最後だと思っていたので悔しいです」みたいなことを言ったし。

インタビュアーに「後輩たちに残したい言葉はありますか?」と聞かれたので、「こういう負け方をしたので、これを糧にして欲しい」と、託すような言葉まで言っちゃって。

でも控室に戻った瞬間、「うわー! もう1回やりてえ!」と叫んでいました(笑)。

わからないですけどね。その時になってみないと。やりたくてもやれない可能性もあるし。膝などの怪我を抱えながらの僕の体で4年後、33歳でどうなっているのか、計算できない。そんな不安定な要素を入れたくないという監督もたぶん多いと思います。

だから断言はしません。柔軟に考えてやっていきたい。今読んでいる本にも「決断は水みたいなもの」と書いてありました。氷じゃなくて水のように、状況によって傾くもの。

僕の残りのキャリアの中で、バレーボールプレーヤーとして人間力をつけていきたいという目標はあります。だから今まで通り、僕の成長の道筋の先に、そこ(ロサンゼルス五輪)があれば、素晴らしいことじゃないですかね。

髙橋健太郎
たかはしけんたろう(ジェイテクトSTINGS愛知)ミドルブロッカー。1995年2月8日生(30歳/山形県)。202㎝・93㎏。最高到達点361㎝。高校入学後、野球から転向。恵まれた体格と運動能力で注目選手に。日本代表初選出は2014年。東京五輪代表を逃すも奮起して復帰。屈指のブロック力で存在感を示している。米沢中央高→筑波大→東レ

CHAPTER 5

こんなに強いチームが、
メダルを獲れないわけがない

小野寺太志

ONODERA TAISHI

Photo : Yohei Osada/AFLO SPORT

オリンピックという舞台では、今まで通りじゃダメなのかも

パリ五輪準々決勝のイタリア戦、僕はスタメンじゃなかったので、ほぼベンチにいましたけど、「こんなに強いチームが、メダルを獲れないわけがない」と思いながら見ていました。あの試合は、今まで積み重ねてきたものが、すべて出ていたと思う。

ようやく、でしたね。予選ラウンドではなかなかそうはいかなくて。初戦でドイツに負けた時は、不安になった部分もありました。

あの試合は、バレーボール競技の開幕戦で、朝一番の試合。ドイツにはパリ五輪前のネーションズリーグでは勝ちましたが、フルセットだったし、あの時いなかったエースのジョルジ・グロゼルもパリには来るので、どういう試合になるんだろうと緊張感を感じながら臨んで、負けてしまった。まずはドイツ、アルゼンチンに勝って決勝トーナメントが見えてくると思っていたので、初戦で負けて、正直「大丈夫かな?」と。それでももちろんまだ2試合残っていたので、次に向けてどういう準備をするのかを考えた。幸いにも時間はあったので、切り替えて、アルゼンチン戦に臨みました。

第2戦のアルゼンチン戦では、セッターの関田誠大がミドルブロッカーを積極的に使い、小野寺は13本中11本決定、84・6%という驚異的なスパイク決定率を残した。普段の飄々とした雰囲気か

らは一変。クイックを決めたあと雄叫びをあげながらガッツポーズをするなど、気迫を前面に出してチームを鼓舞した。

僕はいつも淡々とプレーするタイプで、思いきり感情を出すことはそんなにないんですけど、でも、やっぱりオリンピックという舞台では、今まで通りじゃダメなのかもしれないと思って。それこそドイツ戦で思ったんです。気迫というか、気持ちも、必ず試合の結果に乗っかってくるんだろうなと。ドイツの選手たちの気合いは全然違ったので。だから、正解かどうかはわからないけど、次のアルゼンチン戦では、気合いや感情をもっと出してプレーすることも必要かもしれないと思って、あえてああいうふうにやってみました。

今の日本代表は自立している選手の集団で、もちろん支えるし、助け合うし、チームプレーもしますけど、個々の技術の高さと、それを最大限に出し合えることが強さの理由だと僕は思っています。だから僕は僕のベストパフォーマンスをするだけだと思っていたし、僕が感情を出すことが周りにいい影響を与えるかどうかはあまり考えていませんでした。でもやっぱり、ああいう舞台で気持ちを出して戦うことは大事だなと感じましたね。

今まで感情を出してプレーすることは少なかったですけど、大学時代や、JTサンダーズ（現・広島サンダーズ）に入って1年目あたりはやっていた。でもいろんな経験をする中で、自分には淡々とというか、感情で動かないようなプレーの仕方が合っているんだろうなと感じて、そういう方向にシフトしていきました。だからまったく新しい自分というわけじゃなく、「久々にやるか」ぐらいな感じでしたね。なかなか見られないと思いますよ。大事な時だけの、レアなやつだから（笑）。

感情を出しながらも、相手をいかに抑えるか、どう勝つかということにフォーカスしていて、自分がめっちゃ決まってるなーなんて考える余裕はなかった。ブロックを見て、狙うべきコースに打ち分けることはできたかなと思いますが、十何点取ったことは終わってから聞いて初めて知りました。関さん（関田）が使ってくれていたから、「頑張って決めないと」という思いはありましたけど。

でも第3戦のアメリカ戦では、その分対策はされたかなと。アメリカはそもそもブロックがシステム的にすごくいいし、ディフェンス力も高い。サーブもいい。僕自身あの試合はフィーリングがあまりよくなくて、うまく叩けていない感じもしていました。

もともと僕たちミドルブロッカー3人は、（フィリップ・）ブランから、「短期決戦だから、調子がいい悪いを考えながら起用していく」という話をされていました。アメリカ戦の途中からは僕に代わって（髙橋）健太郎が出てくれて、すごく活躍してくれたし、準々決勝のイタリア戦もそのまま健太郎がスタートで行って、プレーでチームを引っ張ってくれた。僕が調子を落としたというより、健太郎の調子がよかったから、ああいう展開になったと思います。

Photo : Yohei Osada/AFLO SPORT

オレより点取ってないやん。何やっとんの

そのイタリア戦での日本は、予選ラウンドとはまったく違う姿を見せられた。やっぱり（石川）祐希が復調してくれたことが大きかったと思います。

彼はエースで、キャプテンで、チームを象徴する選手。でもその彼が、予選ラウンドでは決まらない、なかなか上がらない、という状態でした。まあ上がってくるだろうという期待はもちろんありましたけど、オリンピックという短期決戦の中で、彼の不調はチームとしてもダメージになっていたと思う。復調を願うしかなかったんですが、少しでもサポートになればと、コミュニケーションを取って……なるべく相手してやらないとな、とは思っていました（笑）。同い年だし、同部屋だし。

別に「大丈夫？」みたいな感じではなく。僕はそういう心配の声掛けはあまりできないタイプなので、割と普通に接していました。アルゼンチン戦では、僕のほうが祐希より点を多く取ったんですよね、1点だけ。なので、「お前、オレより点取ってないやん。何やっとんの」みたいないじりをしたり（笑）。

祐希は「うるせーよ（苦笑）」みたいな感じでしたけど。

別に「早く上げてこいよ」みたいなことも言わなかった。誰にだって不調はある。西田（有志）だって（髙橋）藍だって僕だってそう。決まらないとか、うまくいかないシーンはこれまでにたくさんあって、その中で支えてきてくれたのは祐希だから。今度はその祐希が戻ってくるまで、僕らが試合をつなぐし

かないと思っていた。

それこそ西田に関しては、オリンピックですごく活躍したし、日本代表の2024年のMVPは間違いなく西田だと僕は思っています。西田の活躍が光っていて、得点でチームを引っ張ってくれている分、ここに祐希が戻ってきたら、もっとこのチームは強くなるなと思っていた。だから変なプレッシャーはかけずに「まぁ、頑張って」みたいな感じでしたね。

祐希は試合の中では感情的にプレーするし、キャプテンとしてチームをまとめたり、自分がプレーで引っ張っていくという思いが強いと思うので、その自分が決まってない、決まってないからなかなか本数も上がらない、という状況にストレスを感じていたんじゃないでしょうか。それでもマークは厚いし、思い通りになら

Photo : NIKKANSPORTS/AFLO

なくてイライラしていた部分はあったと思います。

「関さんとちゃんと話さなきゃダメだよ」というのは祐希に言いましたけどね。僕は、あのチームは関さんと祐希のチームだと思っていたので。

彼らがいなかったら、勝てるものも勝てない。2人がいるからこそ、僕ら他の選手もここまでいいプレーができるようになったと思っています。実際僕たちミドルが決まるようになったり、取り上げてもらえるようになったのも関さんのおかげだと思うし、祐希のおかげでもある。2人はチームの主役というか、顔というか、なくてはならない存在だから。

何を求めて僕をコートに入れるんですか?

イタリア戦では、その祐希が復調してくれたので、予選までの僕らの雰囲気とはまるっきり違った。それこそもう「メダルも見えるな」と……。

「こんなに強いチームが、メダルを獲れないわけがない」と思いながら、ベンチから見ていました。

第3セットで24－21とマッチポイントを握った瞬間は、「この1点を、どう取るんだろう」と。なんだかお客さんのような気持ちで、強い日本代表を見つめていた。すごく面白いバレーをしていたし。あの瞬間は……なんだろう、確信まではいかないけど、勝ちをすごく意識しましたね。

でもあの結果になったのは、たぶん僕らも含めて、安心ではないにしろ、何かこう勝ち急いだというか……。些細なズレが出たんじゃないかなと思います。

シモーネ・ジャンネッリのサーブで崩されて、祐希がスパイクミスをして24－23になった時から、一気に緊張感が強くなったのを覚えています。あのシーンはハイボールで、難しいシチュエーションでしたけど、たぶんそれまでの祐希だったら、ブロックアウトで決めるなり、リバウンドを取るなりするだろうと、いろんなイメージが見えていた中で、スパイクアウトになった。まだリードしてはいたけど、そこで「1点、ここで取らなきゃ」という空気になった。その次にサービスエースを取られて、勢いを一気に持っていかれましたね。そのまま第3、4セットを取られてしまった。

僕はずっとベンチにいたんですけど、第5セットが始まる直前にコーチの伊藤（健士）さんが走ってきて、「太志行くぞ！」って。僕はギリギリまで大塚（達宣）と対人をしていたので「え、何が？」みたいな感じでした（苦笑）。

それまでコートの外から見ていて、「今コートに出ているメンバーがベストメンバーなんだろうな」と思っていました。強くて、うまくいきすぎている瞬間を見ていたので。だから「行くぞ！」と言われた瞬間は「マジか！」と。

いつもだったら事前にブランや伊藤さん、アナリストの行武（広貴）さんが、「こういう狙いで太志を入れよう」というふうに話し合って、それから伊藤さんが来てくれて、「太志、次スタートで行くから、こういうふうにして欲しい」と言ってくれるんです。でもあの時は本当に急に「太志行くぞ！」だけだったんで、いやいや、こっちだって怖いでしょ、みたいな（苦笑）。何が欲しいのかな？とわからなくて。スタッフも焦っているというか、緊張感が伝わってきました。

でも幸いにも僕は後衛からのスタートだったので、冷静に、ブラン、伊藤さん、行武さんに「何を求めて僕をコートに入れるんですか？」と聞くことができました。

そこで、「健太郎のクイックが通ってない」という話をされて。確かに拾われたり、トスが合わなかったりして決まっていない感じはしたけど、それ以上にブロックとかで効果は出ていたから、何を優先するかだとは思っていました。僕は、「クイックが通ってないから、Bクイックを1本通して欲しい」と言われたので、「あ、わかりました」と。

もちろん使うのは関さんも第5セットで僕が入ると知った時、なんで？というのはあったと思う。関さんなんですけど。「健太郎じゃなくて、太志入んの？」みたいな感じでしたから。

僕が一旦ベンチで話を聞いて、3-3になって前衛に入った時、関さんに「なんかBクイック1本通して欲しいらしいっす。別に上げなくてもいいけど、基本、俺Bに入るから、うまく使って」と伝えたら、「わかった」と。それからBクイックを1本上げてくれて、決めることができました。

もちろん緊張感はすごくあったし、負けたら終わりだってわかっていた。1、2セットを取って、3、4セットを取られてるから、一番嫌な負け方が頭に少しはよぎっていたはずですけど、僕は割とフレッシュなスッキリした状態だったので冷静だった。だからどういうプレーをして欲しいかも素直に聞いたし、みんなと目を合わせて入ることができました。

第5セットもデュースとなるが、14－14から小野寺のサーブで崩してチャンスを作り、石川のスパイクでブレイクし15－14と逆転。マッチポイントを握った。しかしそのあとのサーブは惜しくもネットにかかった。

あそこは（アレッサンドロ・）ミキエレットを崩したかった。前が関さんのブロックだったので、ミキエレットの体勢を崩して攻撃のパターンを変えようと思って狙ったんですけど、足りずにネットに。シーズンを通してサーブが不調でなかなかうまくいかないことが続いていたので、マイナスなイメージもあったんですけど、でも、この場でチャレンジしないと意味がないと思ったし、仮に狙い通りじゃないところに行ったりミスになったとしても、1点こっちがリードしていたから、僕がコートを離れてもサイドアウトを取ってくれるだろうという、みんなへの信頼もあった。もしもう一度あの場面に立ったとしても、同じ選択をすると思います。同じコースを狙って、攻めますね。

一緒のコートに立つ権利は絶対に彼らにもある

デュースの末、15－17で激戦に終止符が打たれた。他の選手たちと同様、小野寺も涙に暮れた。

選手もスタッフも観客も、誰もが、このチームが終わってしまうことを受け入れたくないという空気だった。選手たちは名残を惜しむように抱き合い、最後に集合写真を撮った。その際、小野寺は、スタンドから見守っていた小川智大やエバデダン・ラリーに手招きして、コートに呼び寄せた。

あの時点では、代表は最後だと言っていた選手もいたし、ブランがやめるのは聞いていた。このチームで戦うことはもうないのかもしれないと思うと、やっぱり「寂しいな」「もっとやりたかったな」という思いがあふれてきました。

スタンドには小川やラリー、マネージャーの坂本（将眞）さん、（男子強化委員長だった）南部（正司）さんたちがいてくれたのが目に入っていました。

プライドが高い選手だったら、オリンピックのメンバーから外されたあと、練習を成立させるためにオリンピックに同行してくれと言われたら、嫌だと思う。それこそ東京五輪の時にメンバーから外れた健太郎は、もうバレーをやめるぐらいのところまで行っていたし、そう考えてもおかしくないだろうなと思っていた中で、小川もラリーも（富田）将馬も、迷いなくパリについてきてくれた。

向こうでは選手村にいる僕らとは生活拠点が違って、練習に毎回自転車や電車で来てくれたり、スタッフも、離れたところから車に乗り合わせて来てくれた。だからこそ一つのチームで戦えた。一緒のユニフォームは着られなかったけど、一緒のコートに立つ権利は絶対に彼らにもあるなと思ったので。このチームの最後は、みんなで一緒に記念に残したいなという思いがありました。

純粋にみんなのことが好きだし、チームみんなが本当に仲がいい。1人ひとりがコミュニケーションをしっかり取って、関係性も出来上がっていて、誰かを悪く言う人がいなかった。だからあのメンバーで最後、パリを戦えたことは、やっぱりよかったなと思いますね。

今後の代表については、僕はやっぱり「ロスに出たい」が本音です。次の大きな目標はロサンゼルス五輪かなと思っています。

正直パリが終わった直後は、「どうしよっかねー」みたいな感じでしたけど。それまではやっぱりパリ五輪の存在が大きかったので。じゃあ次SVリーグだ、来年の世界選手権だ、というふうに、すぐにパッと気持ちは向かなかった。もうこういう生活を

Photo：Hiroki Kawaguchi/PHOTO KISHIMOTO

10年近くやっているので、「いやーもう疲れたね」みたいな（苦笑）。他の人もそう思って当然だと思うし、休みたいという気持ちも、ないことはないです。でも大事な転機の年だとも思うから、必要な選択はしないとな、と。

ロラン・ティリさんが代表監督になって、また4年かけてチームを作っていくと思いますが、その中で1年目の今年の代表メンバーに入るか入らないかというのは大きいんじゃないかと思っていて。もちろんまず選ばれるかどうかですが、選ばれた上で、ティリさんに、自分はこういうプレーをする選手だと伝えないと、ロスは見えないというか、難しい道になるのかなと思う。一緒にやっている監督さんじゃないので。だから、選んでもらったら、やっぱり行きたいという思いはあります。

みんながどうするのかはわからない。もちろん休みたい人は休んでもいいと思う。各々の調整があるので。でも僕自身は、選ばれたら行きたい。もちろん家族の了承は得ないといけないですけどね。またずっといなくなっちゃうんで（苦笑）。その上で行けるのであれば、ぜひ！　という感じですね。

ロスでは、パリ以上の結果を残さないといけないと思うし、今度は〝カタチ〟になるものを残さないと、意味がないかなと思っています。

小野寺太志

おのでら たいし（サントリーサンバーズ大阪）ミドルブロッカー。1996年2月27日生（29歳／宮城県）。202cm・95kg。最高到達点350cm。中3夏に野球部を引退後、長身を見込まれ宮城選抜でJOC杯に出場。高校から本格的にバレーを始めた。2015年日本代表初選出。器用で守備力にも長けたオールラウンドのミドル。東京五輪代表。東北高→東海大→JT

CHAPTER 6

セッターはヤバイです（苦笑）。
やること、考えることが多すぎます

関田誠大

SEKITA MASAHIRO

Photo：Yohei Osada/AFLO SPORT

ドイツ戦に負けたあとは、立ち直るのが難しかった

僕にとってオリンピックとは、目標でしたね。本当にそこでメダルを獲りたかった。

パリ五輪を迎えた時の心境は、前回の東京五輪とはまったく違っていたし、目標も変わっていた。本当に「勝ちにいく」という一心だった。ありきたりですけど、「東京が終わってから3年間、この時のためにやってきた」という気持ちで、初戦のコートに入りました。

でも試合の序盤、ドイツのジョルジ・グロゼル選手のサーブにやられちゃって……。もともとすごいとはわかっていたんですけど、でも僕たちなら耐えられるだろうなとは思っていたので、ちょっとびっくりしたというか、出鼻をくじかれた。あれはすごかった。衝撃的でした。

その中でまずサイドアウトを取ることが絶対に必要なので、なるべく行けるところを探して。相手ブロックを確認しながら、どこで攻撃していこうかというのを考えていました。

ドイツにフルセットで負けたあとは、立ち直るのがちょっと難しかったですね。「絶対勝つ」と思っていたので、悔しさはすごく大きかったですし。

ドイツが強いことはわかっていましたし、もうあのレベルになったら勝つか負けるかなんてわからない。実際ドイツはすごくいいプレーをしていた。でも「もっとこうしとけばよかった」という部分がたくさんあったので、そういうことをいろいろ考えてしまって、切り替えるのが難しかったです。

いつもなら点が取れるところで取れなかったり、リバウンドのボールのフォローや、つなぎの部分がうまくいかなかったり。もったいない部分が多かったし、簡単に失点につながるミスがあった。

バレーボールはミスをするスポーツなので、ある程度は許容されないといけないと思うんですけど、その分の点を、他のところで取れなかったので、ミスが目立ってしまった。

それでも次の試合はやってきますから、ドイツ戦の映像を見直したり、次のアルゼンチンに対する準備もしなきゃいけなかったので、それをやっていく中でスイッチを入れられたという感じですかね。ギリギリまで時間はかかりましたけど……。切り替えられなくて、結構引きずりながら練習していたので、自分でも「大丈夫かな？」というところはあったんですけど、もう、やるしかないので。特別なこ

Photo：Tokyo Sports/AFLO

とをするというよりは、普段通りの生活や振る舞いをしていこう、という意識でしたね。

ドイツ戦は、ミドルブロッカーの決定率や効果率があまりよくなくて、そこの印象を与えられなかったので、アルゼンチン戦ではまずはそれをよくしていこうということは頭に入れていました。あとはもう、自分を信じるというか、自分のやってきたことをまず出そう、ということに集中していた。

観ていた人の中には、2023年に行われたパリ五輪予選の、同じくフルセットで敗れたエジプト戦と、ドイツ戦を重ね合わせた人もいたようですけど、僕はあまりそこは結びつけてはいませんでした。ただ、経験というのはどこかで活きているものだと思うので、あのエジプト戦の経験があったから、という部分がもしかしたらあったのかもしれません。そこはわからないですけど。

アルゼンチン戦は、ミドルの打数が増えて、スパイカーも決めてくれた。（小野寺）太志は13本中11本決定の84・6％というスパイク決定率だったと聞いて、改めてすごいなと（笑）。思い描いていた組み立てができたかというと、まあ、勝ったからそういうことが言えるわけですけど、本当に勝たなきゃいけない試合だったので、あれでよかったんじゃないかなと思います。

あの試合は、もちろんプレッシャーはあったんですけど、意外にも、始まったらなんか力が抜けていましたね。自分にうまく集中できたというか。それはよかったんじゃないですかね。「やるしかない」と腹を括った部分もあったし、あとはもう勇気を持って、「絶対やってやる！」と強気でやれていたところはあったと思います。

僕はスパイカーの心理状態を感じやすいタイプ

ただ、やっぱりオリンピックって難しいな、セッターって難しいな、バレーボールって難しいスポーツだなと改めて感じましたね……。本当に、ひとことで言えるスポーツじゃないし、ポジションでもないですね。

セッターは、相手のブロックやディフェンスを踏まえて、自分たちの攻撃パターンを考えたり、駆け引きをしたり。それに加えて、スパイカーのコンディションや心理状態を読み取りながら、そのつど判断していくんですが、やっぱりオリンピックになると、1人ひとりの心理状態もいつもとはまったく違う。

僕は、誰がどういう心理状態なのかというのを、仕草や雰囲気とかで結構察する、感じやすいタイプです。試合中も、それ以外の時も、結構見ています。

僕はスパイカーがミスったあとに、その選手を続けて使うことがよくあると言われるんですけど、あれも実はめちゃくちゃ考えているんですよ。「この状況（使っても）いいのかな？」というのを、次のサーブが来るまでの短い間に、いろいろな判断材料をもとにすごく考える。

もちろんそのスパイカーに、さっきのミスを早く払拭させてあげたいというのも一つあるんですけど、それより、その試合をどう回していくかが重要。1点取らなきゃいけない。次、絶対取らなきゃいけないんで。だからそこで、相手が次にどう動くのか。もうその選手を捨てて、他の選手をマークに行くのか、またもう1回その選手に来るのか。それも駆け引きだし。

あとは、その選手の今までの練習なども踏まえて。連続で使ってみて、「この選手はメンタル強いな」と感じた記憶だったり。それに加えてその日の調子とか、表情とか、そういうものをすべて合わせて、全部考えてやっているんです。

その上で、「この選手は行ける」と思ったら行くし、行かない人は行かないし。やっぱり「持ってこい！」という選手もいれば、そうじゃない選手もいて、いろいろな選手がいますから。だから毎回（ミスした人に続けて）上げているわけではないんですよ。セッターはヤバイです（苦笑）。やること、考えることが多すぎます。

パリ五輪の予選ラウンドでは、エースの石川祐希の調子が上がらず、関田もトス回しに苦心した。石川の得点力が上がらないのなら、他の選手で点を取らなければならない。一方で、石川からはもっと打ちたい、打って調子を上げたいという思いがひしひしと伝わってくる。フィリップ・ブラン監督からの要求もある中、関田の葛藤はいかばかりだったか。しかも第3戦の相手・アメリカは相性がいいとは言えない強敵だった。

Photo : Enrico Calderoni/AFLO SPORT

決勝トーナメントに進出するためにはアメリカ戦で1セットは取らなければいけなかったんですけど、いろいろなことを考えすぎているうちに、第1、2セットがあっという間に終わっていた。アメリカはやっぱり強い。セッターからすると、何よりブロックがいい。ミドルブロッカーがうまいし、もちろんサイドのブロックもいい。駆け引き、反応、移動速度も、手の出し方も、全然違うんです。リードブロックがうまくて速いし、リードブロックとコミットブロックをうまく使い分けてくるし。ブロックがいいから、そりゃあディフェンスも上がるだろうという感じですよね。しかもサーブもいいから、サーブ&ブロックでやられちゃう。サイドアウトもいいし。やっぱり強いです。

それでも、第3セットから入ったムードメーカーの大塚（達宣）が雰囲気を変えてくれた。なんとか1セットを取ることができました。

予選ラウンドは8位通過でしたが、準々決勝の相手はイタリアに決まりました。これは、運がいい、行ける、と思いましたね。ベスト8に残ったチームの中で一番やりたくないのは、僕はアメリカでした（苦笑）。日本が当たる可能性があったのはアメリカ、ポーランド、イタリアで、その中でイタリアに決まったので、「運がいい」と。

それに、イタリアに勝てば、次の準決勝で当たるのはフランスかドイツのどちらかだったので、悪くないなと、思ったんですけどね……。

あそこは僕でも、祐希に上げていた

イタリア戦は、終わってから一度も見返していません。でもオリンピック後、いろいろな取材でしゃべったので、なんとなくは覚えています。

第1、2セットを取って、「あ、こんなにあっさり勝っちゃうのか」とちょっと思ったりしましたが、「いや、そんなわけないだろうな」と思い直した。でも第3セットも、接戦の中、いいかたちでラリーを取ったり、いいディフェンスやいいプレーがあったので、「これは行けるぞ」と心の中では思っていました。

第3セットの22－21で、僕はワンポイントブロッカーの宮浦（健人）と交代して一旦ベンチに下がりました。そこから日本は連続ブレイクで24－21と、一気にマッチポイントを握った。

あの時は、「行けるだろう」という気持ちが一つありましたが、「1回でなるべく終わりたいな」とも思っていました。1点でも取られたら、相手に追いつくチャンスを与えてしまうので、なんとしてもここは1回で行けたらな、と。僕はベンチにいたので、あの時はもう、「行ってくれ！」という思いでした。

だが、イタリアにサイドアウトを取られて24－22に。関田は宮浦に代わりコートに戻った。そこで、イタリアのシモーネ・ジャンネッリのサーブに大きく崩されたため、髙橋藍がトスアップに入り、レフトの石川へ。ブロックの指先を狙ったスパイクはわずかに逸れ、アウトとなった。

あそこは、もしもサーブレシーブが返って僕がトスを上げていたとしても、祐希に上げたんじゃないですかね。絶対に早く切りにいったほうがいいですから。

祐希はそれまであんまりアウトにすることってなかったんですよ。あまり僕の記憶にないんです。シャットアウトされることはあったと思うけど、ブロックをぶっ飛ばして決めたり、そういうのが多くて。リバウンドを取ったりすることもあるし。まあそれは彼の心境次第ですけど。

西田（有志）がライトだったら、西田もあったかもしれない。あそこって……S3（セッターが前衛のセンターにいるローテーション）か。じゃあ西田はバックライトですね。

いやあ……今思っても行ける、行けるんだけどなー。悔しいですね。

あの（24－24になったサービス）エースが予想外でしたね。2人の間にポンって……。

そのあとのトスは西田に上げたんですよね。どこでもいい、決めてくれっていう思いですよ。早く切りたくて。ブロックされましたけど、それは全部結果論なので……。

今までの積み重ねなんでしょうね、きっと。それがまだ足りなかったんじゃないですか。だからフルセットで負けるんです。

最後の1点を取るのは、難しいですね。まあ僕は1点目から難しいと思っていますけどね。その積み重ねじゃないですか。序盤にめっちゃいいプレーをしたら、それが貯金になることもあるし。でもバレーボールは波のあるスポーツで、流れがガラッと変わるので、そのまま行くのは難しいですけどね。そういうのが大きく出た試合でしたよね。第4セットは向こうがよくて。第5セットは、わからないですけど、運も一つあったのかな。でも一方的じゃなかった。だから僕らにも勝つチャンスはあったんですよ、フルセットでも。

悔しかったですね。東京五輪よりは絶対上に行けると思っていたし、そこに懸ける気持ちもあの頃とは全然違ったから。東京からの3年間、当然技術でもメンタル面でも、成長させていった自分がいたので、その分、悔しさが本当に強かったです。

これからのことは「自分の心に聞きます」

ブラン監督はコーチ時代を含めて8年間日本代表に携わってきて、なんだかんだチームは強くなり、結果を残してきたので、それは本当にすごいなと思います。

僕自身、彼とやったのは7年間ですけどね。1年目（2017年）は、僕は選出されなかったので。でも2年目以降、藤井（直伸）さんやいろんな選手と一緒に練習しながら、トスの配球だったり、たくさんのことを教わりました。それまでの僕は全然世界というものを知らなかったんですけど、ブランは彼なりの教え方で、セッター理論というか、頭の使い方や気持ちの持ち方、技術も、教えてくれて、学ぶことは多かったですね。

最初のほうは特に、真ん中を使うことを口酸っぱく言われました。でも、使えと言っても、海外勢を相手にミドルを使う勇気なんて、なかなかないっすよ。難しいです。でもそれでも必要だ、というのを教えてくれた。試合中にも言ってくるので。そこはもう勇気というか、気持ちの部分ですよね。もちろん「相手がこうだから、こういうふうに使う」とか、使い方のアドバイスもしてくれました。タイミングは任せてくれましたけど。バレーボールには正解はないんで。

でも最後のほうは全然、(真ん中を使うよう)言われなくなっていましたね。もう気づいたら、使えるようになっていたので。意識してやっていたことが、普通になって、無意識でもできるようになっていたので、それはもう彼のおかげですね。

今後の代表については、今は何も言えない。ゼロの状態です。基本的にクラブシーズンは、代表のことは考えず、クラブに集中してますし。

出し切った感もあるんですけどね。僕の中でも波があって、「もうやらないよ」だったり、「やるかも」だったり、その時によって気持ちが変わるので、簡単には言えない。そこ(代表を続けるかどうか)は、これまで以上に注目されると思うので。僕はもう31歳ですから。

「やりましょうよ」と言ってくれる人もいて、それはありがたいですけどね。それは今までの僕の功

Photo : REX/AFLO

績というか、一生懸命やってきた成果ですよね（笑）。

トモ（山本智大）にも言われましたよ。僕の誕生日の時だったかな。ＬＩＮＥが来ました。「それで、代表どうするんすか？　やりましょうよ」みたいな感じで。「考えとくわ」って返しました。

僕は結構期待に応えないタイプですから（笑）。自分の心に聞きます。

代表はわかりませんが、バレー選手はまだまだ続けたいと思っています。

これからの目標としては、まずは〝日本一〟を狙っていきたい。僕はまだ正セッターとして、リーグで優勝したことがないので。それと、もっとうまくなりたいなと思っています。トスを。バレーボールを。

パリ五輪では、ああいう大一番で勝つことの難しさを改めて学んで、そのおかげで僕はまた〝うまくなりたい〟と思った。なかなかないんですけどね、そう思わせてくれる大会って、僕の中では。でもパリ五輪では、もっと極めたい、うまくなりたい、という気持ちがより強くなった。それを得られたことは、かけがえのない経験だったなと思っています。

関田誠大
せきた まさひろ（ジェイテクトＳＴＩＮＧＳ愛知）セッター。１９９３年11月20日生（31歳／東京都）。１７５㎝・70㎏。最高到達点３２４㎝。小・中・高・大で全国優勝を経験。日本代表は２０１６年初選出。正確な技術と真ん中を巧みに使うトスワークで、唯一無二の司令塔に。東京五輪代表。東洋高→中央大→パナソニック→堺→Cuprum Lubin（ポーランド）

CHAPTER 7

「まだ俺にもチャンスあんの?」と
みんなが思ってくれたら

深津旭弘

FUKATSU AKIHIRO

Photo : Hiroki Kawaguchi/PHOTO KISHIMOTO

いろいろな巡り合わせがあってここに立っている

ああ、これがオリンピックなんだな――。

37歳で初めて立ったオリンピックの舞台は、やはり他の国際大会とは違っていました。

パリ五輪に臨んだ日本代表は、オリンピックに出ることが目標ではなく、金メダルを獲るという目標に対する気持ちがものすごく強かった。オリンピック独特の雰囲気に加え、自分たちの目標に対するプレッシャーも、全員が多少なりとも感じていたと思います。

初戦のドイツ戦は、立ち上がりから相手が全力で向かってきて、こっちはちょっと受けてしまった。第2セットからはドイツを上回るプレーをしていましたが、第4セットの勝負どころでミスが出た。チーム全体として、最後のギリギリの勝負の場面で〝1点〟を取りたい気持ちが変な方向に出てしまった。力が入りすぎていたというか。いつもなら日本はスキルで上回って、相手にミスをさせる展開に持っていけるんですけど。

とはいえドイツに負けたあとも、みんな「最低限のことはできたな」と。フルセットで勝ち点〝1〟を取ったことは大きかったので。

僕自身は、ドイツ戦の第1セット11－17の場面で、二枚替えで初めてオリンピックの舞台に立ちました。初出場できたから嬉しいという気持ちはあまりなく、純粋に「勝ちたい」という思いだった。

普通に……はプレーできてはいなかったと思います（苦笑）。やっぱり雰囲気が違うな、これがオリンピックなんだなと感じながら。

その中でも、いろいろな巡り合わせがあって自分はここに立っているなと噛み締めていました。１人の力ではたどり着けなかった。家族や仲間、いろいろな人の助けがあってここに立っている、だからこそ頑張りたいと思いながら、トスを上げていました。

僕がオリンピックを初めて身近に感じられたのは東海大学3年の時。同じ東海大の４年生だった清水邦広さん（大阪ブルテオン）が北京五輪に出場したことで、「自分がいる場所もオリンピックにつながっているんだ」と気づきました。

僕も20代の頃、何度か代表候補に選んでもらいました。でも実働はほとんどなかったので、自分がオリンピックに行くイメージはあまり持てなかった。

Photo : Kazuyuki Ogawa/PHOTO KISHIMOTO

その頃は3歳下の弟の英臣（ウルフドッグス名古屋）が代表で正セッターを務めていたので、「オミ（英臣）が頑張ってオリンピックに行って欲しいな」と思っていた。弟に対して、悔しいとかうらやましいという気持ちはまったくなく、純粋に応援していました。もちろん自分もオリンピックは意識していて、代表にも選ばれたいと思っていたけど、自分の立ち位置と実力では縁がないものなのかなと感じて、あまり現実味がありませんでした。

一番大きなきっかけはやはり1回目の移籍。ＪＴサンダーズ（現・広島サンダーズ）から堺ブレイザーズ（現・日本製鉄堺ブレイザーズ）への移籍がなければ、たぶんここまでの道は開けなかった。あれは２０２１年、33歳の時でした。当時ＪＴのゼネラルマネージャーだった平野（信孝）さんに呼ばれて、「来季（21‐22シーズン）は社業に専念して欲しい」と言われました。引退宣告です。

引退してＪＴで社業をするか、ＪＴをやめ、移籍先を探してバレーを続けるか……。あの時引退を選んでいたら、オリンピックに出場することはなかった。最終的にやっぱりバレーを続けたいと思ったから、ここまで来られたんですよね。家族もその時の僕を見て、「それだけやりたいんだったら、やればいいいじゃない」と。広島には長い時間いたので家族も自分もすごく愛着はあったけど、新しい挑戦を選びました。皆さんが思うほど重い感じではなく、「まあ1回やるか」「挑戦しちゃうか」みたいな、割と軽い感じでしたけどね（笑）。

「クビ切られるかもな」というのはシーズン中から感じていました。チームが若手にシフトするからということではなく、僕自身の問題。バレーの実力もだし、コミュニケーションの取り方というか、伝え方や人との関わり方がJT時代は未熟でした。チームを壊すきっかけもたくさん作ったと思う。勝ちたい気持ちから周りに厳しいことを言ったり、いろいろな行動を取っていましたが、いい方向に行くかどうかは人柄ややり方次第ですから。

クビと言われた時は悔しい気持ちがありましたが、怒り狂うというよりは、1週間ほど時間をかけて冷静に考えた結果、「やっぱそうだよな」「まだまだだな」と腑に落ちた。今では、自分に対してちゃんとした評価をして気づかせてくれたこと、クビを切ってくれたことに、純粋に感謝しています。

堺に移籍してからは、チームを強くするためにとか、人のことじゃなく、まず自分の仕事をしっかりやろうと考えるようになった。人間関係も新しくなる中、自分がいいプレーをするために、どういうふうに人間関係を構築していくか。なんだか計算しているように聞こえるかもしれませんが、そうじゃなく、自分をさらけ出してオープンにやれるようになった。JTの頃とは少し違った関係性を、より楽に、自然体で作れるようになりました。

堺で1シーズン過ごした後、日本代表に久しぶりに選ばれました。その年（22年）はBチームで過ごしましたが、そこからAチームにつながっていきました。

あいつが一番飢えている

パリ五輪での日本は、第2戦でアルゼンチンに勝利。第3戦のアメリカ戦は1－3で敗れたが、予選通過の条件だった1セットを取り、予選ラウンド8位で決勝トーナメント進出を果たした。

ギリギリで決勝トーナメント進出を決めたアメリカ戦のあと、（石川）祐希に「アキさん、明日練習行く？」と声をかけられました。

準々決勝までは中2日あって、アメリカ戦翌日の練習は自由参加。普段は出場機会が少ないベンチメンバーだけが参加しますが、その時は祐希も「俺も行きます」と意気込んでいた。確認したい技術があったんだと思うし、ちょっとスッキリしたかったんじゃないですか。「ちょっとトス上げてください」と言われたので、「いいよ」と。20本ぐらい上げたと思います。

練習会場までのバスの移動時間も長かったので、いろいろ話もしました。「石川ちょっと調子悪いな」と大半の人が思っていただろうし、実際苦しんでいた。周りの選手のことを考えすぎたり、モヤモヤしていたところもあったと思う。「今こう思ってる」とか、「みんなはたぶん俺のことをこう思ってる」とあいつなりの分析をしていたので、僕は「そんなことねえよ」と言ったりして（苦笑）。

結構しゃべりましたね。年齢では僕が上だから言いやすいところもあったんじゃないですか。歳が近い人たちには弱みを見せづらいところもあると思うので。

僕は「後悔しないようにやったら？　何もせずに次の試合に向かうよりは、やれることをやって、

Photo : Takahisa Hirano

結果を迎えたほうがいいんじゃない?」というようなことは言いました。

祐希は「いや、もういいよー」みたいな感じだったので、「黙れ! やれ!」っつって(笑)。そういう時でも、最終的には上がってくるだろうと思っていたし、ついて行こうと思わせるのが〝石川祐希〟なんでしょうね(笑)。だって、誰もやったことがないことを、彼はずっと1人で、全部やってきたじゃないですか。

西田(有志)や関田(誠大)、(宮浦)健人、(髙橋)藍も海外リーグを経験して、今は海外生活のキツさを理解する選手が多い。やっぱり海外に行った人間にしかわからない厳しさが絶対あると思う。彼らと話していると「ずっと10年も海外でやってるなんて、頭おかしいよね」という話になります(笑)。

当然セリエAはレベルも高いし、アジア人も少ない。今よりもっと冷遇されていた時代から、日本人を認めさせるところまで来たわけですから、そこにはみんな大きなリスペクトがあると思います。

今回のような時もあるけど、試合になったらエースとして引っ張ってくれる。やっぱりあいつが一番バレー好きだし、一番勝ちたいと思っている。一番先頭に立っているのに、あいつが一番飢えている。「まだまだ」って。みんなそこに魅力を感じるんじゃないですか。

結局、祐希は自分で調子を戻して、準々決勝のイタリア戦に臨みましたからね。祐希だけじゃなくチーム全体が、予選ラウンドではモヤモヤした部分があったと思う。でもこのチームは、最後はどうにかなるなと感じていました。逆に〝フラグ〟なんじゃないかと思ったくらい。予選で苦しんで、準々決勝からチームが覚醒し、メダルを獲る、という。イタリア戦はまさにその流れだったんですけど……負けるんかい！　ってね（苦笑）。

こんな面白い試合ってある？

第1、2セットを取り、第3セットは競り合いながらも最後の最後に抜け出したので、「よし！」と思った。24－21。でもそのあとクイックで相手にサイドアウトを切られて、そこからシモーネ・ジャンネッリの2本のサーブで追いつかれて……。

まさに「バレーボールはこういうスポーツだ」というのを凝縮した試合だったと思う。レベルが高かったし、流れの変わり方も。あそこで1点が取れなくて、大逆転された。こっちはされたほうだから悔しかったけど、「こんな面白い試合ってある？」「バレーって息できねえじゃん！」という最高の試合だったと思います。

あそこから第3セットを取られたダメージは大きくて、「マジか」という感じでしたが、第4セットも追いついて、みんな本当にタフだと思った。ベンチの選手も、（大塚）達宣が、精神がすり切れるような場面で祐希に代わって出たり、（甲斐）優斗も「僕、緊張したの初戦だけっすね」と頼もしかった（笑）。健人もいきなり出ても本当にしっかり仕事をする。アルゼンチン戦も最後、あいつが決め切って終わった。本当に日本は力がついていると感じました。

イタリア戦では、僕は第5セット11－11の場面でリリーフサーバーとして出場しました。あのチームでリリーフサーバーとして出たのは初めて。しかもあのパリ五輪の会場では、試合でサーブを打ったこともなかった。だから驚きはありました。「優斗じゃねえの？」って（苦笑）。ベンチもなんとかしたかったんでしょうね。

「やべえ、俺大丈夫かな？　俺届く？」と不安でしたけど、10－11で日本がタイムを取って間ができたので助かった。肩を作っていなかったので、タイム中に走って、肩を回して。

ミスをしないことに重きを置いて、イタリアのエース、アレッサンドロ・ミキエレットに取らせて体勢を崩すことはできましたが、ライトからオポジットのユーリ・ロマーノに決められた。あそこは攻めるという選択肢もありましたが、やめました。確実にそれなりのことをやって、何か起こって欲しいなと。でも自分にはまだあそこで何か起こせる力がなかった。

結果的に見れば、日本はどこかでもう少し冷静にならなきゃいけなかった。前のめりになりすぎた分、勝ちが逃げていったのかなと。

「もう4年頑張れ」ということなんでしょうね。みんな、まだ若いんだからって（笑）。「お前ら、ちょっと強くなったからって調子乗ってんじゃねえよ」とバレーの神様が言ってるんじゃないですかね。甘かねえぞ。もっと積み重ねろ日本って。ミュンヘン五輪で金メダルを獲った時もかなりの時間がかかっていますからね。

彼らの思考って無限なんです

僕自身、37歳でのオリンピックを終えても、それでモチベーションがしぼむということはありませんでした。「オリンピックに出たからこそ、もう一回頑張らないとな」という気持ちがあります。

今季は東京グレートベアーズでは出場機会が少ないんですけど、それは仕方がないし、まだ伸びると思える。自分が「もうダメだな」と思ったらもうダメ。要は考え方です。たぶん思考の部分で限界を作らなければ、何歳でも体は動くと思う。それはパリ五輪に出た選手たちを見ていても改めて感じました。彼らの思考って無限なんです。だからあれだけコートで自由にプレーできる。

彼らは〝下手前提〟ではない。「下手だから頑張る」というのは、いいんですけど、それだとどこまで行っても下手。でも彼らは、「自分はうまい」がベースにあり、もっと高いレベルでプレーしたいから頑張る。自分への信頼、自信がすごくあって、彼らが集まった時に、それがより大きくなる。

日本チームとしても〝弱い前提〟がたぶんどこかでなくなったんじゃないか。「弱いから頑張らないと」じゃなく、「世界も強いけど、別に俺らも強くね？」みたいな。俺らはできる、強い、スキルだったら負けない、身長では勝てなくてもバレーになったら身長なんて凌駕できるものが自分たちにはある。そんな自信がチームに生まれ、だから相手を対等にというか、むしろ上から見ることもできる。世代がどんどん変わって、そういうマインドになっている。

これから代表に入ってくる選手たちは、それが当たり前になる。〝日本のバレーは強い〟が前提。そうなるとますますすごい選手が出てくる可能性があるし、見てくれるファンも増えるかもしれない。子供たちが「バレー選手になりたい」と憧れる、夢のある場所にどんどんなっていけばと思います。

僕と同世代では、あの一番強い日本代表で彼らとガッツリ一緒にプレーできた選手は他にはいないので、本当にいい経験だったし幸せでした。

パリでは、コーチを務めた1歳下の弟・貴之（ウルフドッグス名古屋）と一緒に五輪の舞台に立てたことも素直に嬉しかった。三兄弟の中では一番日の目を見ることが少なかったから。彼は早くにコーチ業に進み、優秀な監督やコーチのもとで勉強して、頑張ってきたことが今回につながった。オミが活躍するよりちょっと嬉しい部分はありましたね（笑）。

うちの子供たちはパリに応援に行ったのがすごく楽しかったみたいで、「ロスにも行きたい」と言うので、「オミが行ったら行けよ」と言っています。

僕がオリンピックに出られたことで、「まだ俺にもチャンスあんの？」と思ってくれるベテランがいてもいい。だって代表は、若手もベテランも、誰が目指してもいいじゃないですか。

深津旭弘

ふかつ あきひろ（東京グレートベアーズ）セッター。1987年7月23日生（37歳／愛知県）。183cm・70kg。最高到達点337cm。2010年に日本代表初選出。34歳の年に代表に復帰すると、B代表を牽引し、A代表へ。豊富な経験と人間性を買われてパリ五輪代表の座を射止めた。WD名古屋の深津貴之コーチ、深津英臣選手は弟。星城高→東海大→JT→堺

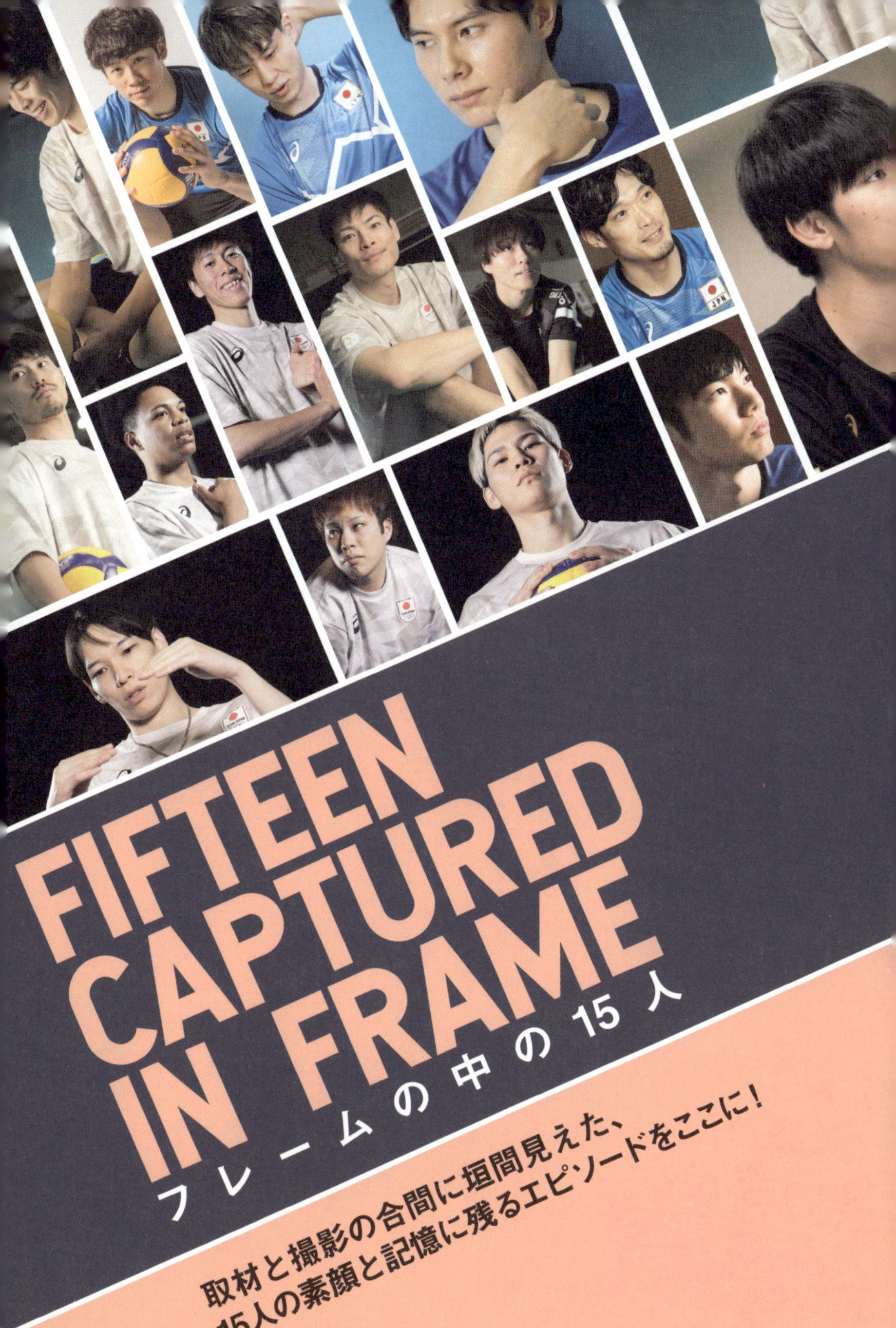

FIFTEEN CAPTURED IN FRAME

フレームの中の15人

取材と撮影の合間に垣間見えた、
15人の素顔と記憶に残るエピソードをここに！

YUJI NISHIDA

真剣にパリ五輪を振り返る中、小野寺選手が「2024年の日本代表のMVPは間違いなく西田だと思う」と話していたことを伝えると、「マジですか！　それは嬉しい限りっすね」と満面の笑みに。

Photo:Kazuya Miyahara

TAISHI ONODERA

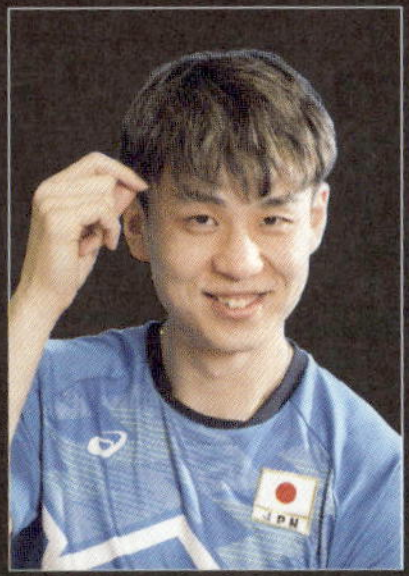

淡々と、それでいて臨場感たっぷりにパリ五輪を振り返ってくれた。特にイタリア戦第5セットでコートに入る際の、スタッフや関田選手とのやりとりには、極限の緊迫感と、バレーの面白さが詰まっていた。

Photo Shoichi Sakuta

Photo：Saori Fushimi

AKIHIRO FUKATSU

代表初選出は22歳。それから14年かけての五輪初出場だったが、深津選手には“集大成”といった雰囲気はまったく漂わない。「自分で限界を作らなければ、何歳でも」という言葉通り、まだまだ続きがありそう。

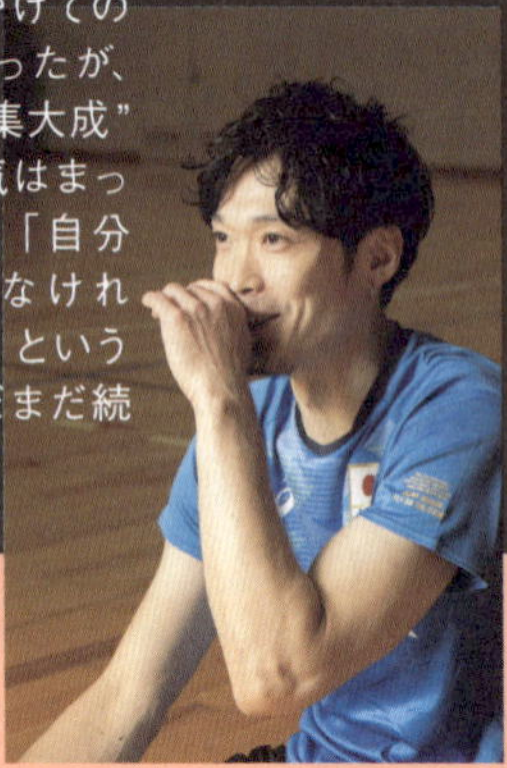

Photo：Masahiro Nagata

選手村では甲斐選手と同室。「甲斐はしゃべらないんで楽です。僕には心開いてると思いますよ（笑）」。昨季はパリ・バレーでも共に過ごし、「ほぼ放置でした」と言いながら、サッカー観戦などに連れ出していたそう。

KENTO MIYAURA

TATSUNORI OTSUKA

他の選手の話からも、大塚選手の天性の明るさとコミュニケーション能力は大きな武器だと再確認。それは初挑戦のセリエＡでも発揮されているようで、「コミュニケーションにはあまり困ってないですね」ときっぱり。

Photo：Yoshie Nishikawa

MASAHIRO SEKITA

奥深いセッター心理をちょっとだけのぞかせてくれた。「難しい。ひとことで言えるポジションじゃないですねー」と苦労を語りながらも、そのポジションを今後も極めていくぞという意欲に満ちた眼差しだった。

Photo : Masahiro Nagata

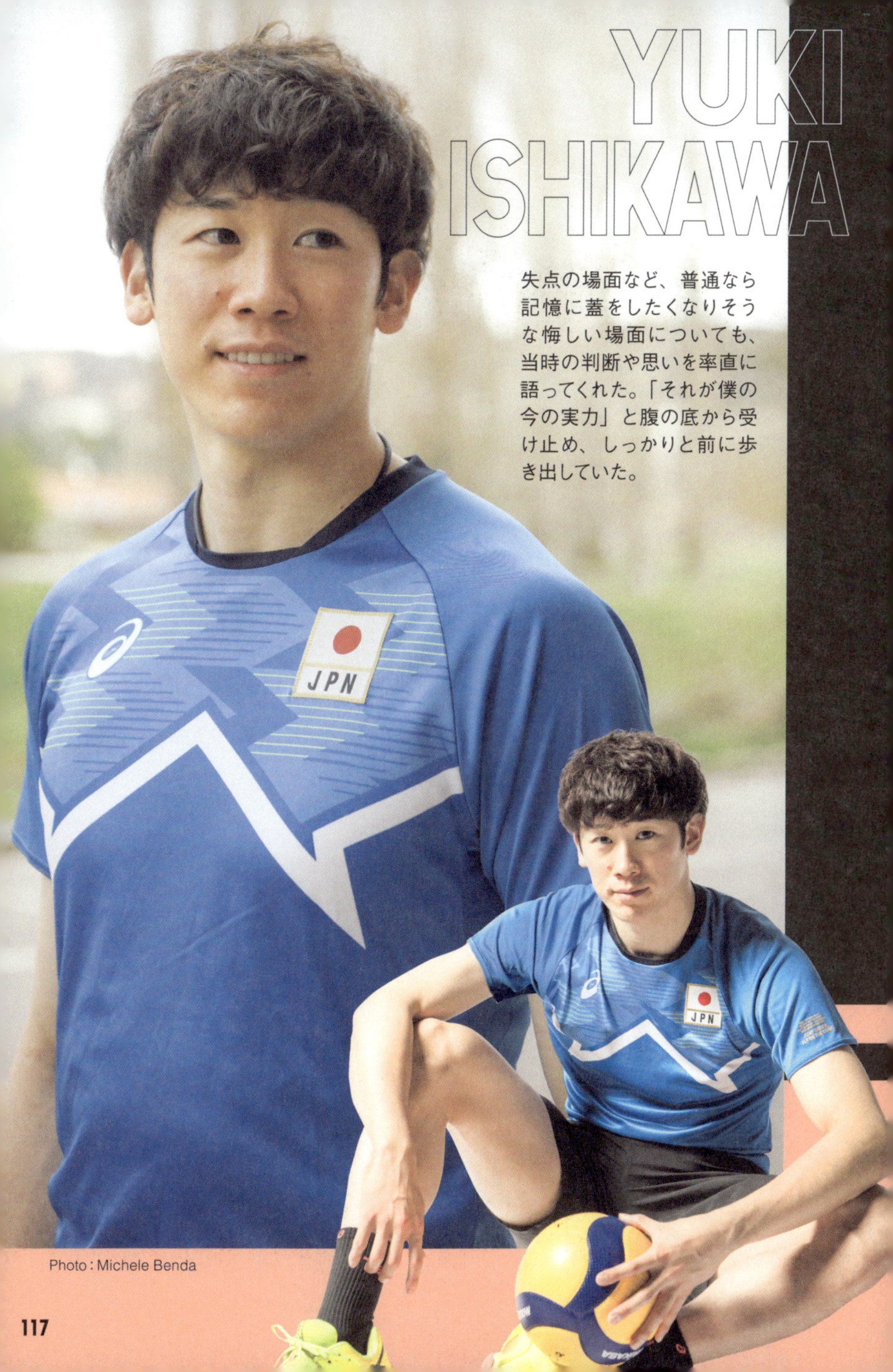

YUKI ISHIKAWA

失点の場面など、普通なら記憶に蓋をしたくなりそうな悔しい場面についても、当時の判断や思いを率直に語ってくれた。「それが僕の今の実力」と腹の底から受け止め、しっかりと前に歩き出していた。

Photo : Michele Benda

KENTARO TAKAHASHI

自身の思いを言葉にすることに非常に長けている選手。絶望や葛藤、家族への信頼や反骨心など、東京五輪からパリ五輪までの3年間の揺れ動いた心の内が手に取るように伝わり、思わず引き込まれた。

Photo : Masahiro Nagata

チーム内で唯一、関田選手のことを「マサヒロ」と呼ぶ山内選手。かつてはパナソニックの同期でもあった関田選手への思いやりが、言葉の端々から伝わってきた。

Photo : Kazuya Miyahara

AKIHIRO YAMAUCHI

RAN TAKAHASHI

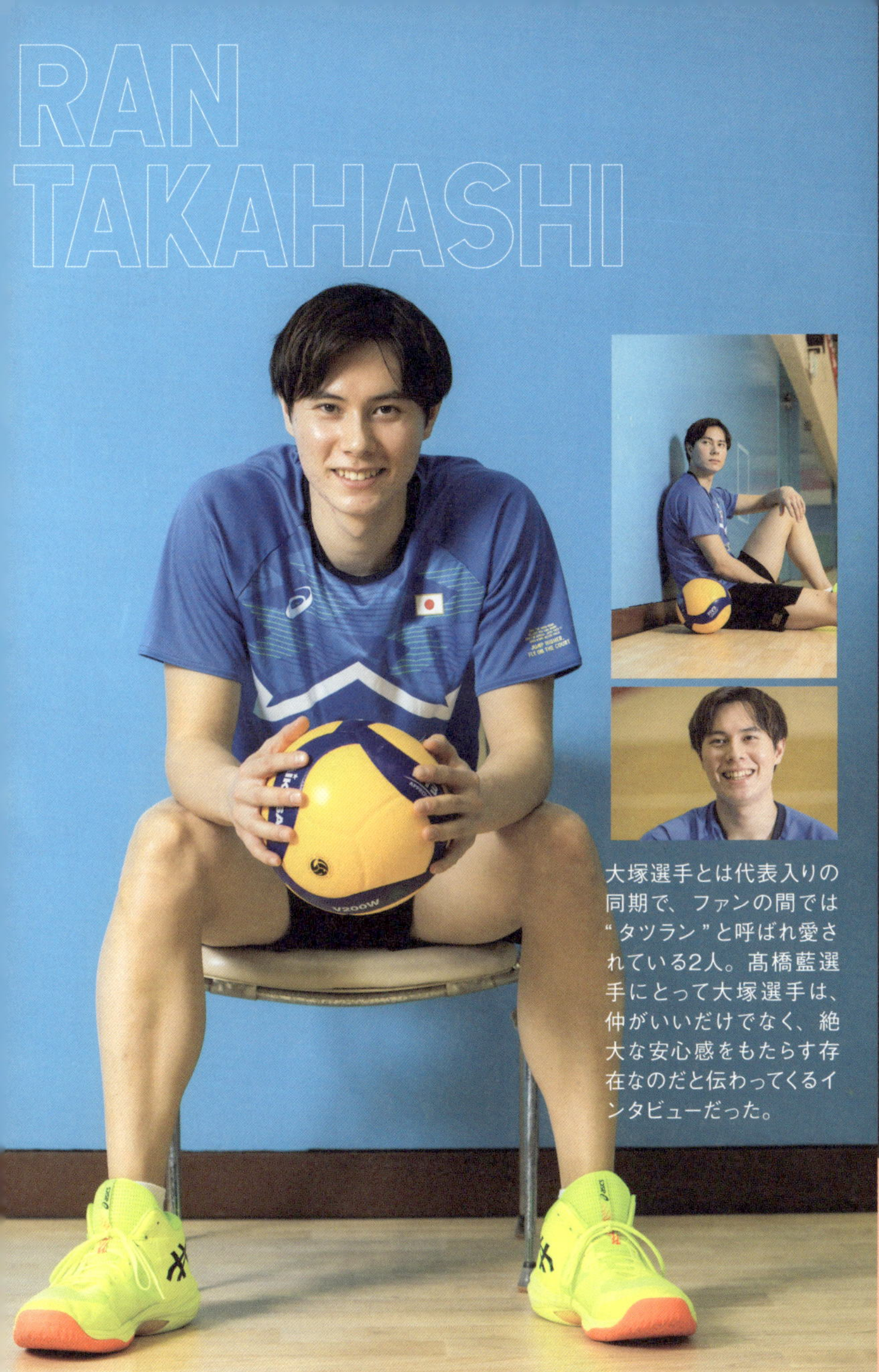

大塚選手とは代表入りの同期で、ファンの間では“タツラン”と呼ばれ愛されている2人。髙橋藍選手にとって大塚選手は、仲がいいだけでなく、絶大な安心感をもたらす存在なのだと伝わってくるインタビューだった。

Photo: Satoru Oka

MASATO KAI

これまでは無欲なイメージで、ブラン監督や周囲に強引に引き上げられている印象だったが、インタビューではいい意味での欲や野心が垣間見えた。先輩たちの会話に耳をすましながら、さらなる進化を遂げていく。

Photo：Ayako Kubota

TOMOHIRO YAMAMOTO

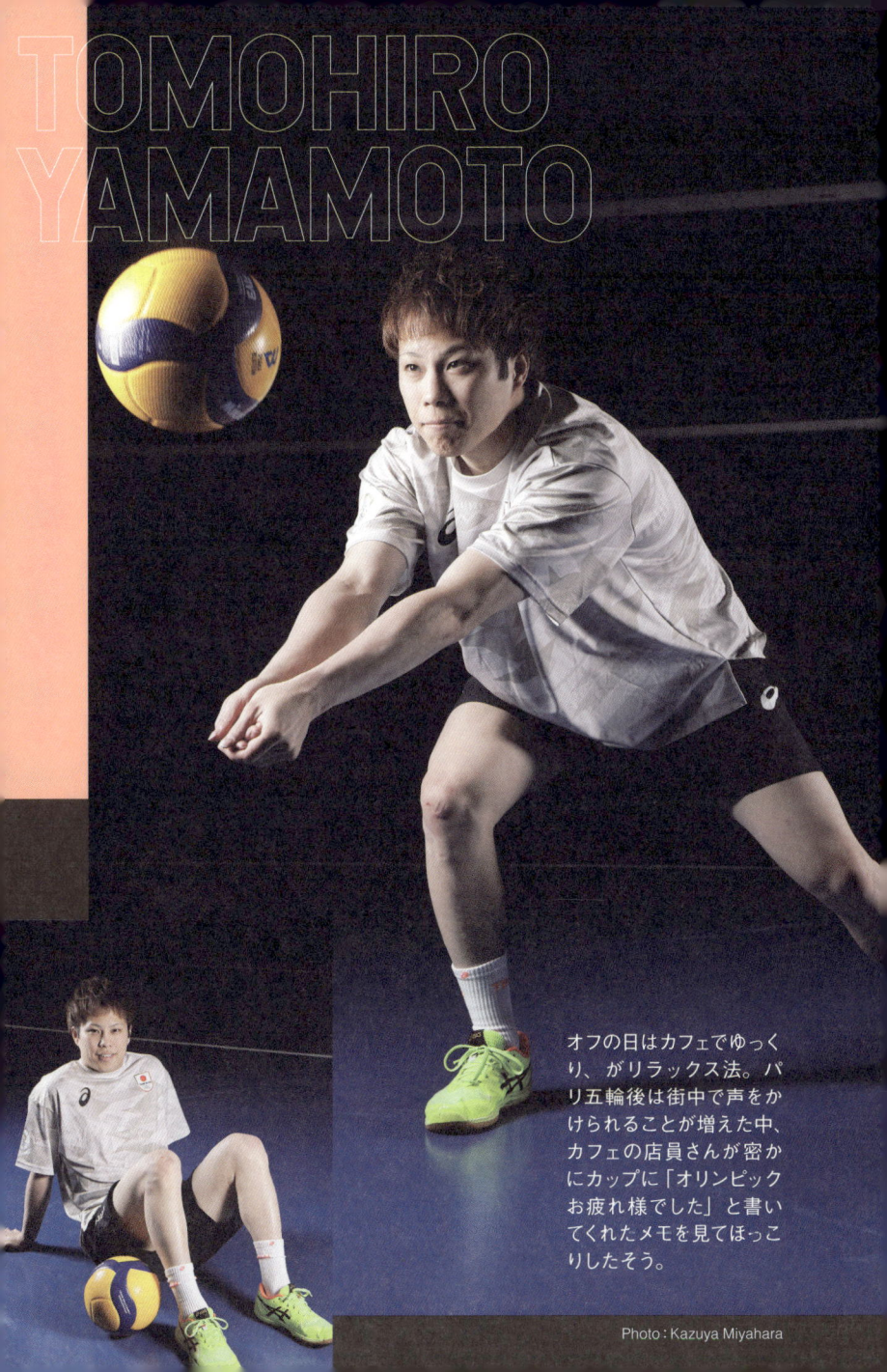

オフの日はカフェでゆっくり、がリラックス法。パリ五輪後は街中で声をかけられることが増えた中、カフェの店員さんが密かにカップに「オリンピックお疲れ様でした」と書いてくれたメモを見てほっこりしたそう。

Photo : Kazuya Miyahara

SHOMA TOMITA

リザーブ選手という難しい立場だったが「その中でもやれることを」とサーブ強化に励んだ。

LARRY EVBADE-DAN

ミドルの先輩3人には心からの尊敬と感謝の言葉。でもこれからは彼らを乗り越え、世界へ。

TOMOHIRO OGAWA

五輪出場は果たせなくても、自信やリベロとしてのプライドは揺らがない芯の通った選手。

Photo:Masahiro Nagata(OGAWA)
Photo:Kazuya Miyahara(TOMITA/EVBADE-DAN)

CHAPTER 8

次のロサンゼルス五輪で、
ピークに持っていけるのかなと

髙橋 藍

TAKAHASHI RAN

Photo : Matsuo.K/AFLO SPORT

悔しくて、悔しくて、頭の中が崩壊してた

自分は3年間、何してきたんだろう……。

パリ五輪準々決勝でイタリアに敗れた時、悔しくて、悔しくて、頭の中が崩壊していました。負けた悔しさはもちろんですが、ベストな状態でパリ五輪に臨めなかったことが、何より一番悔しかった。

もし万全の状態でプレーできていて、あの結果だったら、「自分はまだまだだったな」という受け止め方だったと思うんですけど、そうじゃなく、力の半分も出せていなかった感覚だったので、なんか不完全燃焼というか……。

僕はパリ五輪に人生を懸けていました。そこは、2021年に開催された東京五輪の時とはちょっと違っていました。

東京の時は「出られたらいいな」というオリンピックだった。小学校、中学校、高校、大学とずっとオリンピックを目指してやっていましたけど、目指しているだけだった。19歳で選ばれて東京五輪のコートに立った時は、もちろん勝ちたい気持ちはありましたが、どちらかというと「憧れてた夢の舞台だー」という感じで。まだそこで自分が戦えるという自信はない中で迎えていました。

でも、東京五輪を経験し、次のパリ五輪に向けて自分も主力として戦っていく中で、オリンピック

で勝つために、人生を懸け始めた。自分の中でオリンピックに対するマインドや、バレーの置き方が明らかに変わりました。

東京五輪では、サーブレシーブの自信が得られた一方で、攻撃面の課題を突きつけられました。特に前衛で相手の高くてうまいブロックと対峙した時に、スパイク効果率が下がってしまった。世界の高さに慣れていないことが一番の要因でした。「もっと自分に経験があれば、メダルに届いたんじゃないか」という悔しさがものすごくあった。だから、大学2年だったその年の冬から、イタリア・セリエAに挑戦することを決めたんです。

21-22シーズンにイタリア・セリエAのパドヴァに加入し、2年目にはレギュラーとして活躍。3年目はモンツァに移籍し、攻守の中心としてセリエA準優勝に貢献した。ハイレベルな日常の中で攻撃力は飛躍的に向上。ジャンプ力、パワー、コースの幅や技の選択肢が格段に増え、日本代表での存在感も増した。パリ五輪で思い描く自身の姿に着実に近づいていた。しかし——。

モンツァでシーズンを送っていた24年1月24日のヴェローナ戦の試合中、スパイクを打って着地した際に相手ブロッカーの足の上に乗り、左足首を激しく捻ってしまいました。

あの時は〝痛い〟を超えた初めての感覚でした。検査すると、靭帯が1本は切れていて、もう1本は骨片ごと剥がれてしまっていた。ドクターには、完全に戻るには2ヶ月は必要だと言われました。

でも回復が思ったより早かった。2月14日の試合から後衛で出場し始め、3月10日の試合で先発復帰。ドクターやトレーナーは「ミラクルだ」と驚いていました（笑）。

そこから、セリエAのプレーオフを戦いながら状態を上げ、決勝まで勝ち上がることができた。その後、日本代表に合流し、ネーションズリーグでもいいパフォーマンスができて、「あ、いい感じでオリンピックに臨めるな」という安心感を得ました。

ところがネーションズリーグ第3週のフィリピンラウンドで、左足首にまた痛みが出てしまった。痛めていた部分の骨や軟骨に炎症が生じていました。そこからはベンチを外れ、回復を最優先に置きました。

それまではいつも、何かあっても大事な試合では結局いいパフォーマンスができていたので、自分の感覚としては「何とかなるだろう」と思っていた。多少痛くても我慢しながらやっていればオリンピックでまたパフォーマンスは戻せるだろう、と。でも今回の足首はしつこくて。筋繊維だけの問題なら多少痛くてもできたと思うんですけど、骨に関わる部分だからどうしても治りづらく1、2ヶ月はかかるという状態でした。ネーションズリーグの後半から1ヶ月ほど休みましたが、状況は何も変わらず、痛い状態のままどんどんパリ五輪本番が迫ってきた。

焦っていました。痛みの度合いは日によって違って、ましな日もあれば、めちゃめちゃ痛い日もあって、非常に不安でした。

そんな中でオリンピックが開幕。痛み止めの注射を打ってもやっぱり痛くて、自分の持っているものをすべて出せない。足首に気を取られるし、ストレスになるし。約1ヶ月休んでいたことでフィジカル的にも少し落ちていて、いつもよりジャンプしていないし、対空時間も感じない。スイングスピードも、全部がいつも通りじゃない。明らかにコンディションを合わせるのに失敗したなと。だましだましやっている感じで、いいプレーがあっても、それが安定して出せないから自信にもならない。次の試合への不安のほうが強くて、「どこかでコンディション上がってくれ」と祈るような気持ちでした。

本当にたらればになりますけど、最初にイタリアで怪我をした時だったり、どこかでもう少し休んでおけばとか、痛みが出る前にケアしておけば、という思いがあります。もちろんチームの「出てくれ」という意向や、自分も「出たい」という気持ちがあって早くに復帰したんですけど。自分は怪我をしても治りが早く、すぐにできちゃうイメージがあったし、痛みがあってもやりながら治していくというのが今まではできていたので……。

オリンピックは本当に4年に一度の、目標を達成する場なので、他を犠牲にしてでもそこに照準を合わせるべきだったなと今回学びました。それも、いい経験にはなりましたけどね。

それでも、予選ラウンド第3戦のアメリカ戦で少し体が楽になり、ちょっと状態が上がってきたなと感じました。動きをよくするために毎日ヒアルロン酸の注射をしていた効果も出てきたのかもしれません。準々決勝のイタリア戦ではさらによくなりました。自分のマックスの状態ではありませんが、あのオリンピックの中では一番いいコンディションで戦えたのかなと。やっと足首が気にならなくなってプレーに集中できた。やりたいようにスパイクに踏み込んでいけたし、レシーブも、何も気にせず足を出していけました。

大塚選手がファイティングスピリットを分けてくれた

パリ五輪で一番記憶に残っているのは、やはり最後の試合になったイタリア戦です。でも、アメリカ戦の「(決勝トーナメント進出のために)何がなんでも1セット取らなきゃいけない」というシチュエーションも、かなり印象に残っています。

僕も苦しんでいましたが、予選ラウンドでは石川(祐希)選手も調子が上がらない状態でした。僕たちはいい時の石川選手を知っていて、そこに対する期待感もある中で、「いつもと違うな」というのは感じていました。石川選手もいろいろなものを背負っていますし、プレッシャーもあるんだろうなと。彼の力は日本代表が勝っていくためには絶対に必要だったので、なんとしてもコンディションを上げてくれという思いはありましたが、でも石川選手はやってくれると、僕は信頼というか、信用しているので、それほど焦ってはいなかった。彼が上がってくるまでは、しっかりチーム全員で戦っていこうという思いのほうが強かったですね。

そんな中でアメリカ戦は第1、2セットを取られてしまった。第3セットを取れなければ終わる、という状況で、石川選手に代わって大塚（達宣）選手が出てきて、そこで日本の〝チーム力〟が見えた。誰が出ても強い、勝つ方向に持っていける、という部分が発揮された。石川選手はもちろん悔しい思いもあったと思うんですけど、石川選手にとってもすごくいい1セットになったと思いますし、大塚選手があの時果たした役割が、いろんな選手に火をつけた。ファイティングスピリットを分けてくれたというか、与えてくれたなという思いが今でもあります。あそこで日本代表がまた一つ強くなれたんじゃないか。

石川選手がいる時の日本の戦い方は、大事な場面で石川選手にトスを回していくというスタイルでした。それだけの存在感がある選手ですから。でもその石川選手がいなくなって大塚選手が入ることで、みんながやらないと、という気持ちが芽生えた。たぶんセッターの関田（誠大）選手の頭も1回リフレッシュされたと思いますし、1人ひとりの責任感がより強くなって、成長した瞬間だったんじゃないかなと思います。

僕自身は、大塚選手が入ってきた時にすごく安心したというか。自分にとって大塚選手は一番……なんて言うんですかね、仲がよくて、信頼している選手です。ずっと一緒にやってきたので。歳は1歳違いで、日本代表に初招集されたタイミング（2020年）が同時だったので、最初の頃は洗濯係をしたり、何をするにも一緒でした。

代表でまだ経験がないうちに僕がポンッとAチームに入れられて、石川選手と対角を組むことになった時、最初は心細さというか、〝1人感〟がありました。まだそのレベルに達していないという自信のなさもあって、気後れしていたところがあった。その点、大塚選手と対角を組むと、いい意味ですごく楽でした。やっぱり同じ立場でスタートして、同じしんどさも知っているから。

今はもちろんそんな孤独感はありませんが、パリ五輪前のネーションズリーグで僕が離脱した時に大塚選手が石川選手の対角に入ったこともあり、大塚選手とはお互いに言わなくてもわかり合える、いろんなものを共有し合える関係でした。だからパリ五輪で彼が出てきた時に、すごく安心して、思いきってプレーできた。

石川選手と対角を組んでいる時は、石川選手の攻撃力をより活かすためにヘルプするというか、石川選手や西田（有志）選手が打ちやすい環境を作るために、自分はレシーバーとしてチームを支えなきゃいけないという意識があります。もちろん大事な場面でトスも回ってきますから、そこを決め切らなきゃいけないというのもある。

大塚選手が入ると、そういうことをあまり気にしなくてよくて、考え方が楽になったというか、置かれている立場が変わった感覚がありました。彼は僕と同じ立場の選手なので、「1人じゃないな」という安心感を得られるんです。

チームとしても　少しでも石川選手の負担がないように、というのは全員が思っていることだった。できるだけ攻撃に集中してほしいので、自分とリベロの山本（智大）選手がパス（サーブレシーブ）もカバーしますし、フィリップ・ブラン監督からも「カバーしに行け」と言われていました。それが日本代表の戦い方だし、そうやって勝ってきた。

でも大塚選手が入ることで、そういうスタイルじゃなく、全員がフラットにやる、みんなでやる、という意識が強くなる。どっちがやりやすいとかはないんですけど、あの時は、気分転換というか、気持ちのリセットができたのかなと思いますね。

アメリカに2セットを連取された時は、もちろん「ヤバイ」という気持ちはありましたけど、逆に吹っ切れた。もう取られたら終わりだし、1セット取れば次（準々決勝）がある。なんとしても1セットをもぎ取らないといけない。その1セットをどう取るか。それしか考えていなかった。ある意味開き直っ

Photo : Mainichi Newspapers/AFLO

ていました。

「その1点だろ」という思いで吠えてしまった

コートに入った大塚が流れを変え、アメリカ戦の第3セットを日本が奪取。試合は1－3で敗れたが、決勝トーナメント進出を決めた。準々決勝の相手は予選ラウンド1位のイタリアだった。

イタリア戦で一番記憶に残っているのは、第3セットの最後ですね。24－21になって、あそこから逆転されてセットを取られた。あの瞬間が今でもやっぱり忘れられない。一番悔しかった。〝あの1点〟を取れていたら勝っていた、というのがずっとあって。

24－21になった時、全員が「勝ったな」と思ったのは感じ取れました。「あ、もう勝ったな。しかも3－0で勝てるぞ」って。勝てば本当にもうベスト4で、しかも次（準決勝）当たるのがフランスだろうと思っていたので、「これ、本当にメダル持って帰れるんじゃないか」と。フランスに苦手意識はあまりなくて、ポーランドやアメリカとやるよりいいなと思っていたので。だからフランスだったら本当にメダルが見えてくるなと……あの時いろんな想像をしました。まだ勝っていないのに、勝ったという思いが強かったんで。

みんなそう思っちゃったから、ああやって最後バタバタしたんだなと。やっぱり、おごりというか、余裕というか、気の緩みというか、あの時見せた隙がダメだった。

24‐21からイタリアにサイドアウトを取られて24‐22になったあと、シモーネ・ジャンネッリ選手のサーブに崩されて、僕がつなぎに入り、レフトの石川選手にトスを上げました。あそこはライトにも上げられたとは思いますが、もうあのシチュエーションは石川選手に託した。あの試合調子がよかったですし、石川選手なら何とか決めてくれるだろうというのがあって、石川選手に上げることは自分の中では決まっていました。確かアウトになったんですよね？　でもあれは攻めの1本だったと思う。一番悔しくて、もしも戻れるなら戻りたいと思うのが、その次の場面です。ジャンネッリ選手にノータッチエースを奪われ、24‐24に追いつかれました。

24‐23からジャンネッリが放った2本目のサーブは、1本目と同じく石川と山本の間を襲い、2人が見合うようなかたちとなりノータッチで日本コートに突き刺さった。24‐24。この直後、髙橋藍は一瞬コートに背を向け、激しく吠えた。

僕はセリエAで決勝も経験した中で、ああいう最後の1点をいかに集中して取り切るかというのが、バレーボールで一番大事なポイントだと感じていた。やっぱりあの場面では、任す任さないとかじゃなく……。僕だったら、行っていたと思う。あそこで取りにいって、触ってエースを取られていたら、それはしょうがないと思う。でも間に落としてしまって、エースになった。リベロの山本選手もいて……。人のせいにするわけじゃないんですけど、やっぱりあそこは行って欲しかったなという思いがすごくあった。行かなくて、ボールが落ちてしまったあの1点は、僕たちにダメージを与えたかなと思ったし、「その1点だろ！」という思いがすごくあったから、感情的になりましたね。触らずに落ちてしまったことがすごく悔しくて。

自分が絡めなかったからこそ悔しかったのかもしれない。「俺だったら、意地でも取る。絶対にあのボールだけは」という思いもあって。触らずして終わるというのは頭になかったから。だから、なんというか、ムカッとしたというか、悔しかった。意地でも自分たちでパスを返して、石川選手が決めるというシチュエーションを作りたかった。

あのセットを取らなければ勝てないと、自分は思っていました。そういう雰囲気はありました。トップ選手が揃い、常に高いブロックがいるイタリアを相手に戦うのはただでさえ疲れるし、精神的にもきつい。そういう強敵と戦う時に、取れるセットを落としてしまうことが一番次のセットに響く。そう感じていたからこそ、あそこで吠えてしまった。

第3セットを取られて、流れは変わりました。それでも第4、5セットもなんとか食らいついてデュースになりましたが、そこで1点を取り切れなかった。

僕自身も第4セットの最後、パイプ攻撃をブロックされました。あそこは、頭がしんどかったですね。

Photo : Kazuyuki Ogawa/PHOTO KISHIMOTO

やっぱり一度「勝てる」となったところから逆転されて……。しんどさがあって、冷静さも失っていたし、「ここを取らないと」と先走っていました。やっぱりあそこでいかに冷静に、そして強気でいられるかがすごく大事だなと思った。あの時の僕には余裕がなかったので、もうメンタルで負けていたなと。そこを決め切れる選手にならなきゃいけないんですけど、あの時は技術で取れなかったというより、メンタルで取れなかった。

オリンピックの最後の1点は、難しい、ですね。取れてしまえば「簡単」と言えるのかもしれないですけど、自分たちは取れなかったので、一つの壁というのか。その1点を取れる選手にならなければ。

今となってはいい経験だったなと思います。パリ五輪後のSVリーグを戦っていても、最後の1点、ここで取らないと、という場面がある。そこで取れるようになってきた実感があるし、取れたら自信になる。でも取れない時もあって、また悔しい思いをして、それを取るために磨かなければという思いになります。

パリ五輪で連覇を達成したフランスは本当にすごいと思います。準決勝ではイタリアに3－0で勝った。あそこを3－0で終わらせられるのが、自分たちとの差なのかなと。それに、彼らは楽しみながらやっている。それぞれの選手が自信を持って、強気でやれているのが伝わってきて、そこが全然違うんだろうなと感じました。特にガペ選手（イアルバン・ヌガペト）。背面スパイクも何度もやっていましたね。楽しみながら、「ここぞの1本」という時のあの集中力。勝負所の1点を取る力。フランス全員がガペを信用している感じがめちゃくちゃ伝わってきて、やっぱりすごいなと感じました。

そこに至るには、経験を増やしていくことが必要だと思います。やっぱりあのイタリア戦のような場面をくぐり抜けていくこと。ガペだって若い頃にはメダルを獲れなくて、今やっと金メダルを（東京、パリ五輪で）2連発している。

福澤達哉さん（元日本代表、大阪ブルテオンアンバサダー）にも言われたんですけど、出来上がっているチームというのは、一通りの経験をしてきたチームなんだと。パリ五輪ではそれが明らかに出ました。フランスやポーランド、アメリカといった、若い選手が少なく、30歳を超えた経験豊富な選手が多いチームがメダルを獲った。

福澤さんは「いろんな経験をして、自分という選手を知って、オリンピックでの勝ち方を知れるのは30歳超えてからだ」ということも言われていて。まさにそうなのかなと。

今の日本は年齢的にはそれに近くなってきているけど、自分はまだ23歳なので、そう考えると「次のロスなのかな」というのは、すごく思いました。自分は22歳の段階で東京、パリと2回経験できていて、次は26歳で、3回目のオリンピックに臨める。早い段階で経験できていることで、そこで戦うメンタルや経験値というものはたぶん活かされると思う。次もですし、またその次も。そこでピークに持っていけるのかなと感じました。

「もう代表イヤだな」を乗り越えた

「勝たせられなくて、ごめんな」

イタリア戦のあと、ブラン監督からは一番にそう伝えられました。涙でなかなか言葉になりませんでしたが、僕も「こっちこそごめん」と。お互いに「ありがとう」という言葉も交わしました。本当に僕はブランに感謝しているので。やっぱりブランが日本代表で積み上げてきたものがありましたし、自分が今あるのはブランのおかげですから。

今これだけサーブレシーブをして、スパイクに入って、というスタイルでできているのは、ブランにしつこく言われて成長できたから。もう本当に口酸っぱく言われましたよ（苦笑）。僕が代表に入って彼と出会ったのは、まだ高校を卒業するかしないかの時期だったので、だからこそ基礎が大事だということをずっと言われていた。「お前はパスができる人間だから、まずパスに集中して、それからスパイクに入れ」と。最後まで言われていたぐらいです。でもそれが染み付いているから、今でもパスが乱れた時に、「あ、スパイクのほうに意識が向きすぎているな」と自分で気づいて修正できる。

「うるさいな」「鬱陶しいな」と思ったことは本当に何回もありましたけど（笑）。特に最初の頃は「もう代表イヤだな」と思うぐらい言われていました。でもそれは本当に僕のことを思ってのことだったし、その最初の山を、耐えて耐えて乗り越えたからこそ、今それを強みとして持てているんじゃないかと。

イタリアに挑戦するきっかけをくれたのもブランでした。代表に行ってまもない頃、「海外に興味はあるか?」と聞かれて、「もちろん」と。

以前から海外には興味を持っていて、ただ、まだ明確なものではなかった。でもブランに、「イタリアリーグに行ったほうがいい。そこで経験を積んだらお前はもっと伸びる」と言われた。

「チャンスがあれば行くか?」と聞かれ、「行きたい」と答えたら、ブランが動いてくれて、チャンスが来ました。

24-25シーズンにSVリーグのサントリーサンバーズ大阪に移籍すると決めた時も、ブランに相談しました。

「お前はこの3年、イタリアでプレーしてすごく成長した。今のお前はもうどこでやっても成功していける選手だと俺は思っている。だから日本に帰ることは、すごくいい

Photo : Mainichi Newspapers/AFLO

と思うし、もちろんイタリアでやることもいいと思う」

ブランのその言葉にすごく背中を押されて、日本でプレーすることを決めました。イタリアから日本に戻ることについて、いろんな意見があるとは思うんですけど、ブランのように専門的に世界を知っている人がそう言ってくれることはすごく自信になった。そこが決め手になって、スムーズに決断することができました。

実際に初めて日本のリーグでプレーしてみて、そのレベルの高さを実感しています。外国籍選手の枠が1から2に増えて、世界のトップ選手が集まっていることも影響していると思いますが、何より日本はディフェンス力が高い。高さとパワーはセリエAのレベルが上だと思いますが、日本はディフェンス力や、ブロックとディフェンスのシステムが世界トップレベルだと感じます。選手個々のテクニックやプレーの精度も高い。フェイントが落ちないし、ブロックの脇を抜いてもちゃんとレシーバーがいて、イタリアでは決まったボールが決まらなかったり、違った難しさがある。だからイタリアリーグとSVリーグは、違いはありますけど、差はあまり感じていません。

SVリーグで点を取るためには、コースを抜くだけでなく、パワーや速さが重要だとわかりましたし、その環境で戦う中で自分自身、スイングスピードや体のキレが上がり、相手を弾くことができるようになってきている。自分が成長できる環境だと感じているので、25-26シーズンもサントリーと契約を更新しました。来季もこのチームとリーグで、世界一のクラブ、世界一のリーグを目指してい

Photo : Satoru Oka

くことが、自分のさらなる成長にもつながる。それに1シーズンだけではなかなか得られないものもあるので。

4年後のロサンゼルス五輪は、26歳。間違いなく今よりもチームを引っ張る存在にはなっていたい。それがキャプテンなのかキャプテンじゃないのかはわからないですけど、一番チームの軸になっていくんじゃないかなと思っています。

大きな目標に向かいつつも、一方で、いつも通りの1日を送れることがすごく幸せだなと感じたりもしています。朝、体育館に来て、みんなと楽しく練習して、トレーニングして、帰って、寝て、またトレーニングに来て。そんな毎日が、当たり前だけど、今すごく幸せです。

特にオフの日にそれを感じますね。オフは何をしていいかわからなくて（笑）。家でゴローンとゆっくりするのも好きですけど、結局バレーから離れられなくて、頭の中はバレーになっちゃう。一種の病気だろうな（笑）。それだけバレーが好きなんだなと。バレーがあって、自分の人生がある。改めて今そんなふうに感じています。

髙橋 藍

たかはしらん（サントリーサンバーズ大阪）アウトサイドヒッター。2001年9月2日生（23歳／京都府）。188㎝・84㎏。最高到達点350㎝。高3だった2020年の春高は失セット0で優勝。その年に日本代表初選出。守備力を買われて石川祐希の対角に定着し、男子史上最年少19歳で東京五輪に出場。東山高→日本体育大（在学中にPadova）→Monza（イタリア）

CHAPTER 9

トライ&エラーは嫌いじゃない。
そこが面白い

大塚達宣

OTSUKA TATSUNORI

Photo : Enrico Calderoni/AFLO SPORT

タツノリ、止めにいこうぜ

パリ五輪後、慌ただしくミラノに来て、イタリア・セリエAでの1シーズン目がスタートしました。こっちでの生活が新しすぎて、あまりオリンピックを思い返すことはなかったんですけど、改めて振り返ると……最終順位は7位。それだけ見ると東京五輪と一緒だった。でもあの時とは違います。

東京では準々決勝でブラジルに0－3で、完全にやられてしまった感じでしたけど、今回は準決勝を掴みかけた。そのレベルで戦えるところまで自分たちが来たんだなと、すごく強く感じる大会だった。オリンピックではどのチームもギアを上げてくる中で、世界のあのレベルの相手にあそこまで戦える力が自分たちについてきた。だからこそ、悔しさが大きかった。

個人的には、アメリカ戦の第3セットが一番、自分がコートに入っていたので印象に残っていますが、パリ五輪は1試合1試合、全部が重く、濃かったですね。

僕は初戦のドイツ戦、第1セット10－17の場面で髙橋藍選手に代わって初出場しました。緊張はありましたけど、僕はいつも、どの試合でも緊張するので（苦笑）。でも自分が入った時にやるべきことは明確でした。石川祐希選手の対角に入る時と、髙橋藍選手と入る時とでは、守備と攻撃のバランス、守備範囲なども変わってくるんですが、ネーションズリーグでもコートに立つ機会が多くありましたし、パリ五輪までの期間にいろいろなパターンで場数を踏んでいたので。

ポジション的な立ち位置でいうと、僕はどちらかといえば守備の意識を強めに、という感じです。広めの範囲を取ったほうが、他の選手がうまく攻撃に回れるので。

でもどの選手も守備はうまいし、石川選手もパス（サーブレシーブ）のいい選手なので、そこまでカバー、カバーとは思っていません。ただローテーション的に、僕が前衛の時は3回ともレフト側でパスをするので、しっかり足を動かして、フローターサーブもどんどん触りに行こうと。パイプ攻撃に入る後衛のアウトサイドが前に引き出されて、パイプを潰しちゃうほうがよくないので。前衛の僕が前にサーブを取りにいってこけても、そこからすぐ起き上がって（レフトの）攻撃に入ることができますから。そのほうがチームとして攻撃はうまく回るかなと。

パリ五輪では、日本に対して相手は徹底的にマークしてきていた。もうそういう立場になってしまうようなネーションズリーグ（銀メダル）だったので、それはしょうがない。でもそれに対して自分たちが少し「あれ？」となった部分があったのかなと。ドイツ戦も最初外から見ていた感じでは、いつもより少し余裕がなさそうに見えました。

僕らコートの外にいるメンバーはずっとみんなで、「自分らが入る時は、チームの雰囲気を変えることだけ考えようぜ」という話をしていた。常にその準備だけはしておこうと。アルゼンチン戦もアメリカ戦も、セットカウントが（決勝トーナメント進出に）関わってくるような状況になっていて、一番プレッシャーを感じているのはコートの中の選手なので、自分たちが外から声掛けするのはもちろん、会場を味方につけたり、なんとかこっちに流れを持ってこられないか、という話はしていて。会場を味方につけられたかどうかはわかりませんが、アルゼンチン戦での僕らのベンチパフォーマンスがちょっと話題になっていたみたいですね。宮浦（健人）さん、深津（旭弘）さんが（アップゾーンから）前に飛び出しそうになっているのを、僕が両手を広げて必死に阻止するという（笑）。あの映像が結構バズッていたらしくて、試合後にめちゃくちゃ反響が来てびっくりしました。

あれは、演技です（笑）。なんとかチームを盛り上げようと試行錯誤した結果です。流れがあまりよくなかったので、自分たちが静かにしているよりも、外から元気づけよう、となって。あの2人はずっと前に出ていたので、「タツノリ、止めにいこうぜ。タツノリが止めてるフリをしてたら、審判も見逃してくれるかも」みたいな感じで。途中から審判の方たちもちょっと笑っていましたね（笑）。

アルゼンチンに勝利し、日本は望みをつないだ。第3戦のアメリカ戦は1セットでも取れば準々決勝進出が決まる状況だったが、日本は2セットを連取された。あとがなくなった第3セットはスタートから石川に代わり大塚がコートへ。大塚は持ち前のポジティブなエネルギーをコートに注入。プレーでも、ブロックアウトで小気味よく得点を奪い、チームメイトにやるべきことを思い出させた。

僕はそんな、何もしてないんですけどね。ただ、みんなの表情が少し柔らかくなったかなとは感じ

Photo：Kazuyuki Ogawa/PHOTO KISHIMOTO

ました。「みんなで頑張ろうぜ」という雰囲気だった。キャプテンがコートからいなくなったことで、1人ひとりの「自分がやらないと」という思いが強くなったのかもしれません。

僕は別に派手なプレーはしていません。ブロックアウトを取ったり、リバウンドを取ったりしただけ。外から見ていて、ライン（ストレート）が開いていたので、ラインで点取りたいなとは思っていました。スタッフからも「ラインで勝負していこう」という話をされたので、「とりあえず一発目からラインに打っとくか」と。あとは、リバウンドを取って、自分たちのコート内でボールを支配することを考えました。自コートにボールがある時は、相手は絶対に触れない。そこからリズムを作れている時の日本は強いので。あの第3セットはみんなそういうプレーがどんどん増えて、チームとしてうまく回り始めたのかなと思います。

アメリカ戦でセットを取って予選を突破したので、そこからはもう純粋に勝ったチームが上に行けるトーナメント。そこでみんなムダな思考が省かれたんじゃないですかね。それに自分たちはギリギリの8位通過で、準々決勝の相手のイタリアは1位通過なので、もうぶつかるしかない。そういう状況がいい方向に作用したんじゃないでしょうか。

予選ラウンドでは「予選を抜けなければならない」という思考があったと思う。「〜しなければならない」という感情はどうしてもマイナスなほうに作用してしまいがち。でもイタリア戦に向けては、純粋に「勝ちたい」という気持ちが強く出た。やっぱり「勝ちたい」と「負けてはならない」では、

Photo : Mainichi Newspapers/AFLO

メンタル的に違う。プレーは短期間で変わるわけじゃないので、そこが一番の違いだったかなと。

イタリア戦は「もう、勝つしかないっしょ！」みたいな雰囲気になれたから、自分たちの100％に近いものが出せたのかなと思います。

25点まで取り切らなきゃとわかっていても難しい

イタリア戦の第3セットで24－21とマッチポイントを握った時は……25点までしっかり取り切らなきゃいけないスポーツだとわかっていても、やっぱり難しかった。勝てるって確信していたわけではないですけど、お客さんもみんな立ち上がっているし、「行ける」みたいな雰囲気はあったので。オリンピックの準々決勝で、あの点数で、あの場面を迎えて、「25点までしっかり取り切らないといけない」と冷静さを保つことはすごく難しいんじゃないですかね。それだけの大会なので。

「行ける！」というのが自分たちの中で強すぎたのかなと、終わってみれば、そう思うんですけど、やっぱり人なんで。機械じゃないから。

それも経験次第かもしれません。経験が豊富なチームなら……。イタリアだからこそああいうことができたのかもしれない。日本は確かにここ2年ぐらいネーションズリーグで結果を残してきているけど、ああいう大舞台の準々決勝や準決勝のような場数はまだ少ない。イタリアはほぼ同じメンバーで2022年世界選手権で優勝しているので、肝が据わっているというか。たぶんああいう、あと1

点取られたら負ける、あと1点取ったら勝てる、という経験を何度もしてきたからこそなのかな。イタリアはもう本当にやられる寸前だったあの展開から、第4セットに持ち込めた時点で吹っ切れますよね。あとはもう怖いものなし。日本は、あと1点取ったら勝つというあの場面で、「何がなんでも1点、取りにいかなければならない」という気持ちが出たんだと思う。そこが本当に難しい……。

日本代表の新監督にはロラン・ティィリさんが就任しました。僕自身、毎年選ばれるかどうかのところから始まるので、次の代表でどうなるかはわからないですけど、純粋に楽しみです。僕は23－24シーズンまで3シーズン、パナソニックパンサーズ（現・大阪ブルテオン）で一緒にやらせてもらっていたので、ティィリさんがどういう人なのか知っていますから。

（フィリップ・）ブランさんもそうでしたけど、ティィリさんはプレーの〝質〟を大事にする人で、バレーに対してすごく熱いものを持っている。バレーを離れたら穏やかなんですけど、バレーになるとすごくエネルギッシュで、自分たちのファイティングスピリットに火をつけてくれる。日本の文化がすごく好きで、日本人のこともよくわかってくれている監督なので、そういう意味でも楽しみです。

僕自身は一緒にやった3シーズンで、サーブレシーブが一番改善できました。ほぼ付きっきりでずっと教えてもらって。あと、ストレート打ちもあまり得意じゃなかったんですけど、ティィリさんに教えてもらってよくなった。選手によって合うやり方は違うと思うんですけど、ティィリさんはいろんな練習方法を持っていて、その人に合った指導をする人だと思います。

僕は石川選手になれないし、髙橋藍選手にもなれない

今所属しているミラノは、普段の練習から非常にレベルが高く、セリエAのリーグだけでなく、欧州チャンピオンズリーグやイタリア杯などにも出場できて本当にいい経験ができています。もっとコートでチームに貢献できる選手になりたい、という思いはもちろんありますが。

こちらでは英語とイタリア語を使っていますが、イタリア語の割合が増えてきました。思っていた以上にイタリア語でのやり取りが多くて最初は戸惑ったんですけど(苦笑)。でもそこで引いてしまって話さなくなったら、僕がどう思っているのか、どんな人なのか、みんなはわからない。だから、間違ってもいいから、どんどん話しかけていこうと思って。

パッと言葉を思いつかなくても、チームメイトはわかろうとしてくれるし、言葉で100%意思を伝えられない分は、表情やジェスチャーで。そこは一番大事だなと思っているので、日本にいる時以上にオーバーアクション気味に、自分の感情を体で表現することを意識してきました。少しずつ話せることも増えてきたので、コミュニケーションにはあまり困ってはいないですね。

日本代表でも「スタートを取りにいく」という気持ちは強く持っていきたいし、強くなるためにこっちに来ました。東京五輪からパリ五輪まで、同じような立ち位置で、途中から入ることが多かっ

たんですけど、でも年々できることは増えていて、どんどん欲が出てきています。

ただ、人と比べてもいいことは起きないと僕は思っています。まずは自分のスタイルを追求していくことが一番大事。僕は石川選手になれないし、髙橋藍選手にもなれないし、甲斐（優斗）選手にもなれない。そっくりそのままコピーできるわけじゃないし、それは必要ないことだと思っています。まずは自分のよさが大事で、逆にそれがあったから、代表に選んでもらえたと思っている。代表に残るためにどうしなきゃいけないかということも常日頃考えてやっていました。

例えば、僕はもともと守備がいい選手ではなかった。そんな、後衛の3ローテを任されるような選手ではなかったし、何ならサーブレシーブなんて苦手だったぐらいで、高校の時はほぼ参加していなかった。でも代表で残るためには打てるだけのアウトサイドヒッターじゃダメだと感じて、サーブレシーブに力を入れました。

東京五輪の年から途中出場で出してもらう機会が増えましたが、最初は「代わった人よりも頑張らないといけない」とか、「その人よりもよくないと」と思って空回りしていた。でも大事なのはそこじゃないとわかった。「その人よりも」とかじゃなく、「自分のエネルギーを出して、リズムを変えるだけでいいんじゃないか」というメンタリティになってから、途中出場でもうまくいくようになった。

上に行くためには、ずっと同じことをやっていてもダメなので、変えていく必要があるし、もっと自分を伸ばしたい。スキルだけじゃなくフィジカルも、メンタルも、全部ひっくるめて強くなりたい。

今一番求めているのは、「力強さを出していく」ということですね。ミラノのチームメイトと話していても、日本人はすごくテクニックがあるというイメージをみんな持っている。一方で、高さとパワーという、日本のリーグではなかなか経験できない部分を今イタリアで感じている中で、「自分ももう少し力強さが欲しいな」と。所属チームを変えると、そういうのが見えてきますよね。それが自分のエネルギーやモチベーションにもなる。

じゃあ力強さを増すためにどうするか。ウエイトトレーニングで重い負荷を上げられたら球が速くなるかといえば、100％そうではないと思う。体の使い方なども含めて、いろいろと試行錯誤しています。

もしかしたらそのせいで腹筋をやっちゃったのかもしれないですけどね（苦笑）。シーズンの序盤、腹筋を痛めて試合に出られない時期がありました。力強さを求めて、自分の中で少しずつ変えていった結果、腹筋に対してよくない体の使い方をしてしまって痛みが出たのかもしれない。でも、トライ＆エラーは、僕は嫌いじゃないので。そうしてやっていくことはすごく面白いこと。

自分の中で「これができたから、じゃあ次もっとこうできたらいいよね」と常に追求していきたい。それが一番、バレーボールをやっているやりがいだし、面白さだと思うので。

大塚達宣

おおつか たつのり（パワーバレー・ミラノ／イタリア） アウトサイドヒッター。2000年11月5日生（24歳／大阪府）。195cm・90kg。最高到達点340cm。パンサーズジュニア出身。高3の春高ではチームを優勝へ導いた。2020年に日本代表初選出。東京五輪代表。攻守にバランスがよく、3回目の五輪出場に闘志を燃やす。洛南高→早稲田大→パナソニック

10 CHAPTER

答えを聞くのは好きじゃない。
自分で考えてやってみる

甲斐優斗

KAI MASATO

Photo : Matsuo.K/AFLO SPORT

海外行きは嫌だったけど、オリンピックのために

オリンピックはバレーボール選手にとって特別で、他の大会とはまったく違うんだと僕が実感したのは、実はパリ五輪の前年になってからでした。２０２３年9～10月に開催されたパリ五輪予選で五輪出場権を獲得した瞬間、先輩方が涙を流して喜んでいた。僕にとっては衝撃的な光景でした。

僕がバレーを始めた小学2年生の頃から、日本代表は目標でした。父によく「やるからには一番を目指せ」と言われていたので。でもオリンピックはあまりイメージしていなくて、23年に19歳で初めて日本代表の試合に出た時も、年齢的に28年のロサンゼルス五輪を目指せればいいのかな、というぐらいの感覚だった。でもパリ五輪の切符を獲得した時のみんなの喜びようを見て、オリンピックに興味が沸いたし、早い段階で経験することが自分の財産になるのかなとも考えました。

だから、パリ五輪を控えた23‐24シーズンはフランスリーグのパリ・バレーに行きました。本当は行きたくなかったんですけど……。海外で、バレーに集中できる自信がなかったから。言葉も通じないし、海外の食事は苦手だし、生活面の違いに気を取られてバレーどころじゃなくなるんじゃないかと思ったんです。それまでにも海外遠征の経験があり、本当に食べ物が合わなくて苦労しましたから。

海外の食事自体あまり好きじゃないんですけど、特にホテルのビュッフェスタイルで出てくるような、大量生産されているものが無理で。日本食だったら大丈夫なんですけどね。子供の頃はずっと祖

母がご飯を作ってくれていて、それを食べて育ったからかもしれません（笑）。

そういう理由もあって海外行きは嫌だったんですけど、周りに押し切られました（苦笑）。自分と（フィリップ・）ブランさんの間に専修大学の吉岡達仁監督が入ってくれていたんですが、最後は吉岡監督に「オリンピックのためだから行け」と言われて、僕も最後は「そうだな」と、決断しました。

吉岡監督からは、海外かVリーグ（現・SVリーグ）を勧められていましたが、先に同学年の高橋慶帆選手（法政大学）がVリーグのジェイテクトSTINGS（現・ジェイテクトSTINGS愛知）でやることが決まっていたので、「自分が同じ舞台で戦ってもな……」という思いがあって。

ポジションを争うアウトサイドの日本代表の選手も、Vリーグでやっている人が多かったし、自分がシーズンの途中から同じ舞台でやっても差別化にならないというか、パリ五輪のポジション争いであまり有利にならないのかなって。それもあって海外行きを決めました。

覚悟は、最後までできていませんでしたけどね。パリ・バレーには当時、宮浦健人さんもいたので、「宮浦さんがいるから大丈夫かな」と、そこだけを頼りに行きました（苦笑）。

パリ・バレーには身長が高い選手が多く、普段から高さのある選手を相手に練習できたのですごくいい経験になりましたし、最終的にパリ五輪のメンバーにも選ばれたので、行ってよかったなと思います。

「え？　俺？」フロントで出るとは思っていなかった

24年4月、パリ・バレーでの武者修行を終えて代表合宿に合流した甲斐は、その成果を見せつけた。200㎝の長身にジャンプ力が加わり、パワーも向上してスパイクの威力が格段に増した。ハイレベルなアウトサイドのポジション争いの中、チーム最年少の20歳でパリ五輪のメンバー入り。初出場は初戦のドイツ戦、第2セット20‐20でのリリーフサーバーだった。

あの試合の日本は、硬さは間違いなくあったと思いますし、自分もいつも通りではなかった。僕は普段どんな試合でも緊張することはなくて、あの時もいつも通りやろうと思っていましたが、オリンピックではチームの雰囲気も、会場の雰囲気も違っていたので、さすがに最初は慣れるのが難しかった。いつもは、どこを狙うかなどをコートに入る前に決めておき、入ったら無に近い状態で、思いきり打つだけ。でもあの時は、何か引っ掛かる部分が多かった。〝何が〟とは言えないんですけど。

1本目のサーブはネットに当たりながらも狙ったコースに行き、相手のスパイクミスで得点につながりました。しっかり打ち切れたかと言われたら、打ち切れてはいなかったかなと。あの時は6割ぐらいの力でした。普段リリーフサーバーで出る時はだいたい7、8割で打つようにしています。アウトサイドとしてコートに入っている試合では、「ここは攻め時だな」と感じたところで10割で打つこともありますが、リリーフサーバーの時はまずミスをしないことが最優先なので。

23年のネーションズリーグで日本代表にデビューしてから、代表ではリリーフサーバーとして出る

Photo : Yohei Osada/AFLO SPORT

ことが多く、その中で高いブレイク率を残せていたので、サーブに自信を持てるようになりました。チームスポーツのバレーの中でも、サーブは個人技で、周りに左右されることなく自分でなんとかできるので、好きなプレーです。練習でもサーブは楽しくできていて、AB戦でも、サーブが回ってきたら「なんかやってやろう」と考えながら、常に攻めて打つようにしています。

安定性の部分では他の選手よりいいとは思っているので、あとはその安定性を保ちながら、より強いサーブが打てるように。

第2戦のアルゼンチン戦では前衛での出番がやってきた。第2セット1‐7とリードされたところで髙橋藍に代わってコートに入った。

正直フロント（前衛）で出るとは思っていなかったので、突然呼ばれて驚きはありました。ベンチのメンバーで戦況を見ながら、「これ、誰々あるんじゃない?」みたいな話はよくするんですけど、あの時は、あるとしたら大塚（達宣）さんかなと思っていたので、「え?　俺?」って。びっくりはしました。監督やコーチから細かい指示はなく、もう「行けー」って感じでしたね（笑）。

僕がサーブで狙われることはわかっていて、実際狙われて崩された。コートの外までボールが行ってしまって「ヤバイ」とは思いましたけど、そのあと関田（誠大）さんがいいトスを自分に上げてくれたので、思いきって打つだけでした。それをしっかり決め切れたら、結果的にはいいのかなと。「崩れたら、自分で決める」というのは常に思っていること。サーブレシーブで乱されても、自分で決め切れば同じ1点。だからそこはプレッシャーを感じすぎることなくやれていました。

あそこは3枚ブロックが来ましたけど、ブロックの間を抜けて決まった。あの場面はスパイクの通過点を高くすることを意識して、思いきり腕を振り抜いただけ。通過点を高くしていれば、ブロックに当たっても真下に落ちることはないので。ブロックにタッチされて拾われるのはしょうがないけど、シャットアウトされるのはスパイカーの責任だから、それだけはしないようにといつも考えています。

決まった時は嬉しくて、笑ってしまいました。オリンピックまで行って点数を取れないのは、残念というか。もちろん行くことに価値はあると思うんですけど、点を取ることにより価値があると思っていたので、そこは素直に嬉しかったですね。

自分は泣いていないです。次があるので

初戦でドイツに負けて「ヤバイ」という雰囲気はありましたけど、みんな予選突破に向けて全力でやっていました。僕自身は自分のことで精一杯というか、自分のやるべきことができなくなったらダメだなと思っていたので、そこをしっかりやろうという意識だった。一方で、こういう劣勢の時にどういう立て直し方をするのかな？　とちょっと客観的に見ていた自分もいました。

（石川）祐希さんの調子が悪いというのは誰もが感じていたと思う。それでみんなが「自分が自分が」みたいな感じになって、決め急いだり、いつもはないようなプレーが増えていたのかなと感じた。でも準々決勝のイタリア戦は、祐希さんがいつも通りのプレーをし始めて、そこでみんなもいつも通りになっていったように見えた。すごく強いチームだなと感じました。

イタリア戦の第3セットで24－21とマッチポイントを握った時は、「（勝利が）決まる」と思った。でもそれがどんどん、あ、ヤバイ、ヤバイみたいな感じになって……。

イタリアがサイドアウトを取って24－22。そこからシモーネ・ジャンネッリのサーブに崩され、髙橋藍が二段トスをエースの石川に託したが、わずかにアウトとなった。その後、サービスエースを奪われ追いつかれた。甲斐はあの場面を自分なりの感性で思考する。

「最後はエース」というのは、バレーボールだけでなく、すべてのスポーツにおいて共通するのかなと思います。あそこで変則的なことをして、もしミスになったら、「なんでエースに預けなかったんだ」みたいに後付けで言われるとは思うので。

でももしも自分がセッターで、あそこでAパスが返っていたとしたら、エースには上げないと思います。2、3点差あったら、1本目は他に上げますね。誰もが「エースに上がるだろう」と思っちゃうところなので、それをやりたくないというのがあって。最終的にはエースになると思うんですけど。あの場面で決め切れるのが強いチームなのかなとは思います。でもあの場面は難しい。チーム全員で託したわけなので、結果にはつながらなかったですけど、チームとしてはよかったんじゃないのかなと。

あの場面で一発で決めるのが理想ですけど、8割ぐらいはうまくいかないものだと思っています。どんな大会でも最後の1点というのは難しいものなので、それがオリンピックとなれば、もっと難しい。だから、誰でも決められるというチーム作りをすることが必要なのかなと感じました。

パリで一番印象に強く残っているのは、イタリア戦後のシーンです。みんな〝代表引退〟というような気持ちで本当にここに懸けてきたんだなと感じて、グッときました。泣いている選手も多かった。自分は泣いていないです。自分は、次があるので。ここで経験したことを活かしていかなきゃいけないという気持ちでした。でも先輩方も、また（代表を）やる気になっているみたいなので、すごく……面白いチームだなーと思います（笑）。

パリ五輪は、本当に面白かったなというのが一番の感想です。それまでに経験した他の大会も面白かったんですけど、比べものにならない。オリンピックはいろんな人が観に来て、世界中で配信される。そこでプレーすることはすごく誇りに思うし、楽しかったですね。

4年後は、アウトサイドとしてレギュラーで出られるところまでは持っていきたい。

もちろん何が起こるかはわからない。今後、周りからいろいろなことを言われると思います。それを聞きすぎても、自分が何をやりたいのかがわからなくなってしまうと思うので、自分が思っていることを第一にして、その上で周りの意見を聞きながらやっていければと考えています。

やっぱり世間一般には「海外に行ったほうがいい」と言われると思うんですけど、正直パリ五輪まででは自分の中で無理してやってきた部分があるので、少し休養というか……。今までと同じように無理してやり続けたら、次のオリンピックまで持たないんじゃないかなと自分は思うので。

今まで、こうしたほうがいいと周りから言われることを全部〝イエス〟と受け入れてきたんですけど、それをこれからも続けていくと、バレーボールに飽きてしまうんじゃないかなという怖さがある。バレーが楽しくなくなってしまうんじゃないか。そうなったらやっている意味がないと思うので、そこは自分の意見をちゃんと通せるようにしておきたいなと思っています。

もちろん最後は勝ちにこだわってやりたいし、本当に最後は無理しないといけない場面が増えてくると思うので、そこに向けてまず、今はできないことをできるようにしたり、体をもっとしっかり作ったり、この先のために必要な基礎的なところから考えながらやっていければ。

今、アウトサイドのスタメンには祐希さんと藍さんがいて、現段階で負けている部分のほうが多い。自分は圧倒的に経験値不足なので、まだ同じ土俵にも立っていない。だから「超えてやる」というふうには、将来的には思うでしょうけど、現段階ではそういう考えに至っていなくて、まだ自分の基準となる存在、という感じですね。

Photo : Ayako Kubota

今は武器が〝高さ〟しかない。でもそこにディフェンスや他の武器も身につけていけば、超えられると思っているので、今足りないものを身につけて、持っているものを伸ばしていきたい。

今後は誰かの調子が悪い時だったり、自分が出る場面は増えるとは思うので、そこで安定したプレーをして周りの評価も上げていきたい。

日本代表ではいろいろな選手から学べて、支えになる部分も多いです。プレーを見ていると、誰がどんなことをしようとしているかはだいたいわかる。決まったボールだったら、「あ、そういう決め方もあるのか」と思うし、決まらなかったボールも、「今のはこうしたかったんだろうな」という意図がわかるので、見ていて学ぶことがすごく多い。それを自分も練習中にやってみたり。

直接質問したり話を聞いたりしようとはあまり思わないですね。人見知りだから（笑）。

それに、答えを聞くのがあまり好きじゃないので。自分で考えてやってみて、自分なりにできたらいいのかなと。自分で考えたほうが身になると思うから。

人に直接聞くことはないですけど、誰かと誰かが話していることを、横で密かに聞いているというのは多いですけどね。「なるほど」とか思いながら（笑）。

甲斐優斗

かい　まさと（専修大学）アウトサイドヒッター。2003年9月25日生（21歳／宮崎県）。200cm・86kg。最高到達点352cm。2022年に18歳で日本代表初選出。23-24シーズンにはParis Volley（フランス）でもプレーした。パリ五輪後の全日本インカレでは初優勝に大きく貢献。25年1月より大阪ブルテオンに加入して研鑽を積んでいる。日南振徳高卒

CHAPTER 11

4年後のオリンピック、
そこに迷いはない

宮浦 健人

MIYAURA KENTO

Photo : Yohei Osada/AFLO SPORT

ポーランド行きの選択は自分にとって大きかった

あの時の決断が、今の自分を作った。そう言っても過言じゃないと思っています。

2022年の、ジェイテクトSTINGS（現・ジェイテクトSTINGS愛知）からポーランドのPSGスタル・ニサへの移籍です。あの選択は、大きかったですね。

（石川）祐希さんや（髙橋）藍がイタリアで活躍しているのを見て、「いつかは海外でやりたいな」と、ぼんやりとは考えていました。でもまだまだ強い意志ではなく、行けるタイミングがあったら行きたいな、ぐらいだった。

でも、イタリアに行っていた同じポジションの西田（有志）選手が22－23シーズンにジェイテクトに戻ってくることになり、いろいろなことを考えた。僕にはいくつかの選択肢がありました。ジェイテクトで西田選手と共存するか、国内の他のチームに移籍するか、もしくは、海外に移籍するか。

まず、共存するというのは代表チームでもできるので、別にここでやるもんじゃないなと考えました。じゃあ国内の他のチームに移籍するのか、海外に行くのか、という中で、今国内で移籍したら、絶対にもうこれから海外に行くことはないだろうなと思ったんです。

当時まだ23歳でしたけど、歳を重ねるにつれ行きづらくなると思ったので、若いうちに行ったほうがいいと思ったし、国内で移籍したら、そのまま甘えちゃう自分もいるんじゃないかなと。だからこのタイミングを逃すともうたぶんない、ここしかないなと。行ったほうが自分にとっていいと思い、海外行きを決めました。結果的にその決断はよかったと思います。

慣れない海外で1人だったので不安はあったんですけど、チームメイトが助けてくれましたし、新しい環境で、日本とは違った生活や文化を、自分自身楽しむことができました。海外のフレンドリーな雰囲気や、バスでの移動なども含めて、全部がすごく新鮮で。

ポーランドではバレーボールが国技と言われるほど人気が高く、リーグの盛り上がりもすごい。〝おらが街のチーム〟という感じで、ファンの人はすごく温かい。というか熱いです。日本の野球やサッカーみたいな感じで、観客は応援も楽しんでいる。格下に負けようものなら、めちゃくちゃブチギレる（笑）。ちょっとお酒も入っていたりするので。

自分はああいう雰囲気はめっちゃ好きでしたね。アウェイだと、サーブの時にブーイングされるのが当たり前なんですが、そういうもの全部が新鮮で、面白かった。なんか〝勝負〟している感じがして、すごくいいなーと。

バレーボールに関しては練習からすごくレベルが高いので、毎日必死でした。いい時は「よかった」と思うけど、悪かった時はめっちゃ悔しくて。毎日一喜一憂（苦笑）。試合には出られないことが多かったんですけど、なんで今ポーランドに行ったのか、なぜ今ここにいるのかを自分に問い掛けながら、やっていました。それはもちろん自分自身のレベルアップのため。「絶対に成長しないと日本に帰れない」という気持ちでした。

試合に出られない分、体力は余っていたので、ボール練習を100％でやって、その上でウエイトトレーニングもガッツリやっていました。チームから出されたメニューもありましたが、それにプラスして。コンディションはほぼ無視していましたね（笑）。試合には出られないからと割り切っていました。次の試合に合わせるなら絶対にコンディションは大事なんですけど、あの時の自分はそこはあまり見ずに、長期的に、来年の自分というところを見据えていました。

22年の代表では、僕自身まだまだ力不足で、西田選手が1人、オポジットとして存在感を放っていた。他の若い選手が出てくる可能性もありました。でも22－23シーズンにポーランドで成長できた感覚があって、実際23年の代表でコートに立った時にそれを実感できた。まだまだ祐希さんや藍に引っ張られていた部分はありましたけど、その1年前、2年前の自分に比べたら全然違ったし、その上でネーションズリーグで銅メダルという結果を手に入れたことは、めちゃくちゃ自信になりました。あそこが自分にとってすごく大きかった。

イタリア戦は殴り合いのような壮絶な試合だった

そういうステップがあったからこそ、パリ五輪がより明確に見えたし、どんな場面でも動じることなくコートに立てるようになったんじゃないかと思います。

Photo：Koji Aoki/AFLO SPORT

パリ五輪で初めての出番は、初戦のドイツ戦第1セット11－17での二枚替えでした。最初外から見ていて、オリンピックの初戦ということで、コート内がガチガチになっているのを感じました。ドイツはブロックもディフェンスも堅かったし、サーブも想定以上にすごくよかった。「なんかちょっと違うな」みたいな感じはあったんじゃないですかね。ただ、僕が出た時には点差が開いていたので、逆に気は楽だった。勝負の時の二枚替えとはまた違ったので、気負わずに、思いきりいけました。

コートに入った宮浦はまずブロックポイントでオリンピック初得点を記録。そしてセッター深津旭弘から最初のトスが上がると、2枚ブロックの後ろに絶妙なフェイントを落とし、ペロッと舌を出した。

あの時は別に何も考えていなくて、ただ相手のブロックが中に流れているのが見えた。トスはちょっと短くて、そのまま打ったらたぶん止められていたと思う。そこで「フェイント、ポッて置いとけば決まるな」と思って、置いただけです（笑）。まああれだけ点差があったので。普通だったらもっと緊張すると思うんですけど。

ドイツ戦は敗れましたが、幸い（フルセットになり）1ポイント取れましたし、まだまだ全然チャンスはあった。決勝トーナメントに上がればどのチームも紙一重の戦いになるとわかっていたし。OQT（パリ五輪予選）の（第2戦エジプト戦に敗れた）時のほうが「ヤバイ」と思いましたよ。チーム内でもそういう話は出ていて。

「OQTの時はマジでヤバかったけど、今回はまだ全然チャンスあるじゃん」って。だからもうやるしかない！　勝てばいいじゃんって感じでした。

まあ僕はスタメンではなかったので、感じ方は違うのかもしれないですけど。関さん（関田誠大）とかにはものすごいプレッシャーがあったと思います。

藍はすごくポジティブでしたね。「全然大丈夫っしょ。チャンスはいっぱいあるし。1ポイント取ったのデカいし」みたいな感じで。彼は基本いつもポジティブですね。

とはいえ、第2戦のアルゼンチン戦に勝った時はめちゃくちゃホッとしました。最後の得点を決めたんですけど、あの時は、なんかトスが来そうだなと感じていた。「関さんだったら上げてくれるだろうな」と思って、その通りに来たので、思いきり打ちました。関さんはうますぎて、どこに上げるかわからないので、いつもサボらずに入っているんですけど（笑）、あの時はなんか感じましたね。

パリ五輪で一番印象に残っているのは、アメリカ戦の第3セット。大塚（達宣）が祐希さんに代わって入って活躍したところは鮮明に覚えています。あそこで出されるのは難しいと思うんですけど。

あの時は1セットを取ればよかったので、意地でも1セット取りたかったんですけど、2セット取られてしまって「これはヤバイ！」と。でも大塚がやってくれるんじゃないかと思っていました。もう「頼む！」って感じで。結果としてコート内の空気を変えてくれた。すごいなと思いました。

自分はほとんどベンチにいたので、やれることは少なかったんですけど、ベンチもみんな勝ちたいという気持ちが強くて、一体感が出ていたんじゃないですか。

準々決勝のイタリア戦も本当にすごい試合でしたね。僕は第3セット22－21の時に関さんに代わってワンポイントブロッカーとして入ったんですけど、そこから24－21になった。

「行ける！」とは思いましたよ、正直。でもみんな口にはしなかった。みんな集中していたし、余計なものはなかったと思います。

「これで、終われればいいな」と思ったんですけど……。結果としては、逆転された。

本当に紙一重だなと思いました。24－22から祐希さんのスパイクがアウトになったのも、打ち方は悪くないなと思ったし、何がやりたいかは明確だった。ただほんの1、2㎝、ボールが上に行ったという感じで。エースを奪ったシモーネ・ジャンネッリのサーブも、2人の間をあそこまでしっかり狙うというのは難しい。100％狙った通りかというとそうじゃないと思う。でもたまたま、めちゃくちゃキレイに間に行った。いやもうこれは、運もあるんじゃないかなと思いながら。

第4セットは結構イタリアペースな印象でしたけど、第5セットは、殴り合いみたいというか。どっちに転んでもおかしくない、壮絶な試合でしたね。

あまり先を見ないタイプ。目の前のことを必死に

試合後は、「終わってしまったな」と……。準決勝が見えていただけに、悔しさはものすごくありました。それと同時に、「このチームも終わるのか」と、寂しさもすごくあった。

終わってみて、オリンピックで僕自身、何かできたのか、チームに貢献できたかと考えると、できた部分は少なかったなという思いがあった。もっともっとコートに立ちたいという思いも。だからこそ、次のオリンピックは、また4年間って長いなとは思いましたけど、頑張ろうと思った。僕は、そこに迷いはないですね。

でもたぶん今の自分のままでは、そこに絶対に立てない。若い選手もいますし。日本自体がもっと底上げされていくと思うので、自分ももう一回り、二回り強くならないといけない。自分はあまり先を見ないタイプなので、目の前のことを必死にやって、少しずつ、0・1％ずつでも向上させていければいいかなと思っています。今はSVリーグを戦っているので、そこに全力を注いで、また代表になったら、そこでも必死にやる。それだけかなと。

謙虚に語るが、日本のオポジットでは西田と宮浦の二大サウスポーが抜きん出ているのは間違いない。1歳違いの2人はユース日本代表でも共にプレーした。当時は1歳上の宮浦がレギュラーで、

西田は最終的に落選。その挫折をきっかけに西田は高校卒業後、大学進学ではなくジェイテクト入団を選び、高卒1年目から日本代表で飛躍していった。一方、宮浦にとっての西田はどんな存在なのか。

本当にすごい選手だなというのはずっと思っていますし、僕をここまで引き上げてくれた。彼はなんとも思っていないかもしれないけど、すごく刺激になりました。自分は追う立場だったので、まずはそこに追いつきたいという気持ちを持ちながらやっていましたから。

彼は高校を卒業してすぐ日本代表で活躍し始めましたが、「追い抜かれた」という感覚はまったくなかった。ユースの時から、自分がまさっているとは、1回も思ったことがなくて、マジですごいなと思っていたので。逆に「なんで自分が出てるんだろう?」ぐらいの感覚でした。当時から身体能力がとにかく高くて、パワーもジャンプ力も桁違いでしたから。

だから彼が代表で活躍し始めた時は、同世代なのでちょっと悔しさはありましたけど、自分が勝っていたのに抜かれてショックだ、とかはなかったですね。

当時は力の差はめちゃくちゃあるなと感じました。でもそれから自分も成長できたという感覚はあるので、追いつけてきているのかなとは思います。

ロスではスタメンで出たいという思いはもちろんあります。そこはわからないけど。コートには立

Photo : Masahiro Nagata

ちたいですよね。

今はSVリーグ中なので、まずチームを勝たせたい、勝たせないといけないという気持ちがあります。個人としても結果を残したい。

ジェイテクトにはアメリカ代表のトリー・デファルコやブラジル代表のリカルド・ルカレッリも加入しました。彼らは本当に世界トップの選手で、彼らから学べることは多いんですけど、負けちゃいけないなと思っていて。そこに頼るんじゃなく、自分がチームを引っ張るんだという気持ちを持ってやらないといけない。自分のほうが上だという気持ちでやります。

関さんも勝負所でトスを上げてくれるので、僕としては嬉しい。自分は、関さんがどこに上げるかというのは本当にリスペクトしているので、自分に持ってきて欲しいとは言わないですけど、彼の選択を尊重した上で、自分に勝負所を預けてくれるのはすごく嬉しいし、それに応えていきたいと思っています。

宮浦健人

みやうら けんと(ジェイテクトSTINGS愛知)オポジット。1999年2月22日生(26歳/熊本県)。190㎝・86㎏。最高到達点350㎝。2021年に日本代表初選出。常に準備を怠らず、どんな場面で起用されても結果を出すタフガイ。鎮西高→早稲田大→ジェイテクト→PSG Stal Nysa(ポーランド)→Paris Volley(フランス)

12 CHAPTER

圧倒的に遅咲きなので、
これからがチャンスだなと

富田将馬

TOMITA SHOMA

Photo : Kazuya Miyahara

「感情が迷子になっていた」13人目の発表

「自分が入っていたら……」

パリ五輪初戦のドイツ戦をスタンドから見つめながら、もどかしくて。

オリンピックの出だし、日本はすごく硬かった。プレッシャーが大きいんだろうなと感じました。逆にドイツはエースのジョルジ・グロゼル選手を筆頭にすごく調子がよく、サーブに崩されていた。「自分がいたら、パス（サーブレシーブ）で入って、少しでも（石川）祐希さんや（髙橋）藍を休ませられたかもしれない。入っていたら、できたのにな」と改めて悔しい思いがこみ上げてきました。

僕自身、パスに関しては、前年の２０２３年の代表戦で通用すると証明できていたので。パスだけはもともと自信があったし、日頃の練習から世界でもトップレベルの西田（有志）選手や祐希さんのサーブを受けているので。ただ23年の代表では、サーブや攻撃面をもっと伸ばさなければと感じた。効果率や決定率が落ちる試合があって、波があったので。だから、パリ五輪で12人のメンバーに残るために、23－24シーズンのVリーグ（現・SVリーグ）ではそこを意識していましたし、24年の代表合宿やネーションズリーグ（VNL）でも、とにかくアピールしようと必死でした。

24年の最初は祐希さんと藍が合流していなくて、自分と甲斐（優斗）君、タツ（大塚達宣）、高梨健太さんの４人でやっていた。４月の沖縄合宿あたりからみんな調子が上がってきて、誰が外れるかわからない状態でずっとプレッシャーを感じていました。

タツとも「きついね」みたいな会話をしていましたけど、だいぶしんどかったですね。負けられないし、たぶんタツも僕に「負けられない」と思っているだろうし。でもそこを（表に）出すのは違うなと思っていた。特にVNLが始まったら、その週ごとに来ていた14人、15人で勝たなきゃいけなかったので。世界ランキングも落とせないし。だからバチバチしたものは表に出して発散できるわけじゃなく、自分の中でしか燃やせない。オフに家族と会って話す時だけ、ちょっと気分転換できるという感じでしたね（苦笑）。

VNL第1週のブラジルラウンドにはかなり懸けていました。第2週からは祐希さんと藍が合流するとわかっていたので。そこでまず14人に残らないと、12人にも残れないから。ブラジルでは調子がよかったし、いい感じでチームに馴染んでもいたのでよかったですね。

ただ第2週の日本ラウンドからは、基本的に祐希さんと藍がスタメンで出る中、途中出場で結果を出さなきゃいけないんですけど、そこで結果を残せなかった。日本ラウンドではタツがよかったので、それもプレッシャーになっていました。ちょっと「ヤバイかもな」という気持ちになっていましたが、とにかく今できることをやるだけだと。

メンバー発表では、アウトサイドの4人の名前が呼ばれて、そのあとリザーブメンバーとして僕の名前が呼ばれました。

一番はもう、悔しさでした。どうしても12人に入らなきゃダメだとずっと思ってシーズンを過ごしていたので。13人目として、呼ばれたのはいいんですけど、悔しくて……。でも、呼ばれない人もいたわけで。小川（智大）さんと（エバデダン・）ラリーの気持ちを考えたら、13人目でもいいだろう。でも12人に入れなかったのは悔しい。もう感情が……迷子になっていましたね。

13人目の難しさは正直いろいろな場面で感じました。練習中も、普段は小川さんとラリーがいるから、ゲーム形式は7対7で成立するので、僕はサーブしか打たないこともありました。ただ、オリンピック会場での練習の時はその2人は入れないので、自分がリベロをやったこともあった。でも帰る場所は2人と一緒だし。複雑ではありましたね、同じ立場の人が誰もいないので（苦笑）。でも自分ができることは何でもやろうと。オリンピックの期間中は、その環境の中でも成長できるところを探して、サーブを伸ばすことをテーマにしていました。練習でサーブを打つことが多かったので。

次は自分の力で救いたい

ドイツ戦は、フルセットの末に敗戦。ドイツが強いことはわかっていました。世界ランキングは11位でしたけど、それは数字上だけで、実力はそんなものじゃない。パリ五輪予選では全勝で切符を取りましたし、パリ五輪前のVNLでは、日本が勝ちはしましたが、あの時はグロゼル選手がいなくて、それでもフルセットまで苦しめられた。

メディアでは「下位チームにまさかの黒星」みたいな感じで取り上げられていましたが、「いやドイツ強いんだよ」って思いながら。まあ知らない人が見たらランキングだけで判断しますからね。自分も知らないスポーツを見たら、ランキングで、そう思っちゃうと思うので。でも悔しかったし、もちろん12人のほうが悔しい思いをしていたと思います。

準々決勝のイタリア戦では、チームがガラッと変わっていましたね。予選突破を決めたあとの練習から、みんな結構リラックスできていたので、予選ラウンドでは「勝たないと」と意識しすぎていたのかもしれない。意識しないというのが一番難しいと思うんですけど。でもそこを突破したからこその、イタリア戦での、みんなのあのパフォーマンスだった。すごく士気が上がって、いつも通りの、VNLっぽい雰囲気でできていたと思います。

第3セット24－21とマッチポイントを握った時は……もう小川さんとラリーと、スタンドでハイタッチしていました。よし準決勝！　みたいな気持ちで。それがたぶんいけなかったんですけど。僕ら3人はベンチにも入っていなかったので、たぶんファンの皆さんと同じ目線で。

いや、自分はもう23－21ぐらいの時点で、そうやってハイタッチして、先に下に降りていきましたね。自分はコートに入れるので、試合後はいつも降りていたから。あの時も村島（陽介・アスレティックトレーナー）さん、島﨑（満夫・フィジカルセラピスト）さんと一緒に降りて、コートエンドあたりから見ていました。その時に24点目を取って、そこでもハイタッチをしましたし、祈っていました。

でもそこから追いつかれて。雰囲気自体はそんなに悪くなかったと思うんですけど、シモーネ・ジャンネッリ選手にサービスエースを取られて24－24になった時に、ちょっと雰囲気がおかしくなったように見えました。ヤバイかも、みたいな。

セットを取られましたが、僕らはフロアで試合を見続け、試合が終わったあと、コートに入りました。真っ先にタツに声をかけました。代表期間の最初からずっと切磋琢磨してやってきていたので。「お疲れ様」と。あの代表はそこでおしまいだったので。あのチームからはずっと刺激を受け続けてきました。うまい選手がたくさんいて、いろいろなものを盗むことができた。

次の4年間は、まあメンバー自体はあまり変わらないかもしれないですけど、盗むだけじゃなく、もっとコミュニケーションを取ったり、下の子も増えると思うので、引っ張ったりできたらいいなと。やっぱり一番は祐希さんに、いろいろと聞いたり、より深く知りたい。考え方とか、スパイクの狙い方とか。練習中から、ブロックの指先の狙い方がすごいなと感じるので。パスは負けていないと思うので、そういう部分で少しでも追いつければ、試合でも活躍できるなと。

あとはキャプテンシーですね。祐希さんには、ついていこうと思わせるものがある。それが何かはわからないんですけど……愛嬌というか（笑）。ギャップですかね。練習中と普段では全然違うので。極度の負けず嫌いだから。それに、周りからも言い合える関係性なのもいいんだと思います。そこは今の代表のいいところ。年下だろうと年上だろうと関係なく、みんな意見を言えるので。

Photo : Kazuya Miyahara

パリに行って改めて、あの雰囲気の中で試合をしたいなと思いましたし、自分の力で救いたいなと。チームのために何かして、勝ちたいなと思った。4年後は、今度は自分が12人に選ばれて、メダルを獲りたい、獲れたら最高だなと。日本に帰る時にはもう次に向いていました。

次の日本代表監督がロラン・ティリさんに決まって、少し「ラッキー」という気持ちはあります。今シーズン、大阪ブルテオンで一緒にやっているのでアピールするチャンスもありますし、ティリさんの考え方もわかってきたので。（フィリップ・）ブランさんもそうでしたけど、守備力とか、総合的な力を見てくれるなというのは感じます。

今後は、攻撃力がまだ上げ足りないので、もっと上げていきたい。攻撃力といっても、強く打つだけじゃないので、ブロックアウトとかプッシュとか、引き出しを多くして、相手に嫌がられるプレーヤーになっていきたいですね。

自分は才能があるわけじゃないので、これからも積み重ねて。自分は藍と同じ東山高校出身ですけど、藍みたいに春高で活躍したわけじゃないし（笑）。圧倒的に遅咲きなので、これからがチャンスだなって。そう思っています。

富田将馬

とみた しょうま（大阪ブルテオン）アウトサイドヒッター。1997年6月20日生（27歳／静岡県）。190㎝・81㎏。最高到達点342㎝。アローズジュニア出身。攻守に磨きをかけて東レで頭角を現し、2020年に日本代表初選出。パリ五輪ではリザーブ選手に甘んじたが、その経験を糧に、ロス五輪でのメンバー入りを目指す。東山高→中央大→東レ

13 CHAPTER

リベロでどれほど
チームが変わるか、
証明したい

小川智大

OGAWA TOMOHIRO

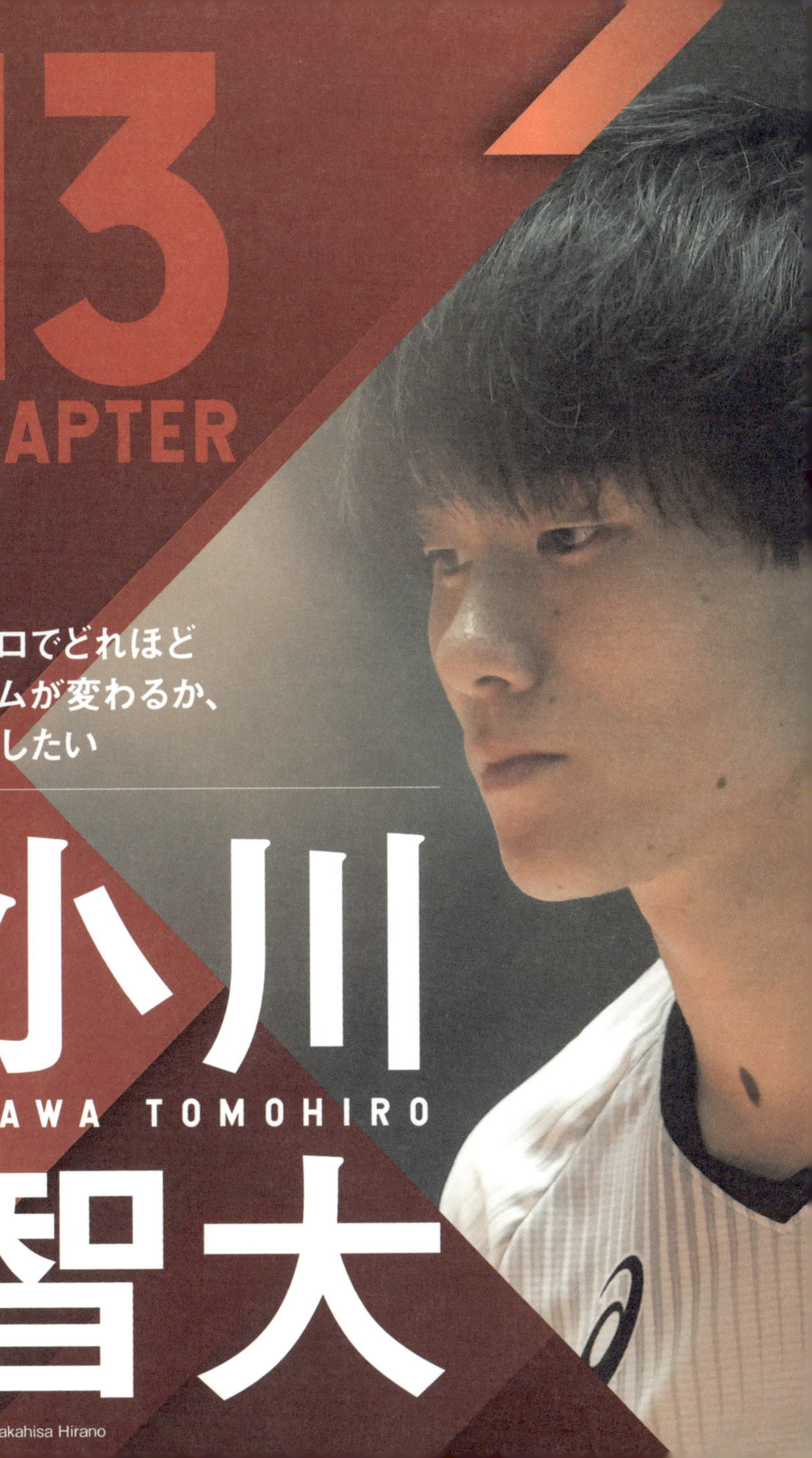

Photo：Takahisa Hirano

悔しいけど、発表の翌日はあえて平然としていた

パリでは、スタンドから日本代表の試合を見ていました。

「あそこに立ちたい！」という気持ちはもちろんありました。毎試合思っていた。

でもリベロ目線で見ていたというより、観客の皆さんと同じように応援しながら楽しんでいた。

「あ、今の行けたな」とか思うことはありましたけど、口では何とでも言えるから。コートに立っている選手が正義なんで。立っている選手はもうそれだけですごい。自分ならもっとできるなんて言っているやつがいたとしたら、おこがましいですよ。どうせできないです、そういう人は。

その舞台は僕が目指していた場所でしたが、たどり着くことはできませんでした。昨年6月23日、パリ五輪のメンバー12人が発表された。リベロの枠は1枠。僕の名前は呼ばれなかった。

もうあまり覚えていないんですけど、悔しかったのはもちろんだし、やれることはやったなという気持ちもあった。なんか感情があふれてきて、泣いたなーみたいな感じです。

どんな感情も、時が経てば流れていくものなんで。バレーに限らず、怒っても、悲しんでも、それは一時のもの。だから、その日は悲しい、悔しいってなったけど、次の日からは平然としていました。さすがに次の日には切り替わってはいなかったけど、あえて普通にしていました。周りが気を遣うだろうなと思ったので。僕は気を遣われるのが好きじゃないから。

（フィリップ・）ブランからは「ごめんね」と。それに「やってきたことは間違いじゃないよ。お前のスキルは（メンバーに）選出されるされないに関係なくトップレベルだ」と言ってくれました。

ブランが日本代表の監督をするのはパリ五輪で最後だと知っていたし、彼の選択は、彼自身が頑張って出した答えだったので、「俺は信じるよ」みたいなことは伝えました。そうは思っていない部分もありましたが。彼が日本のバレーを、弱かった時期からここまで築き上げてきたので。もちろん選手の頑張りもあったからだと思いますが、それでもブランのおかげだとみんな思っているので、彼の答えが正解ではあって欲しかった。まあ僕は選ばれたかったですけど。

僕が彼と一緒にやって学んだのは、立ち居振る舞いの大切さ。相手がどんな強敵でも、堂々と自信を持ってプレーすること。ブランは、ウジウジしているやつが好きじゃないので。

パリに同行したのは、オリンピックを見たかったから。夢だった、目標だった場所だから。自分のためになると思ったので、一緒についていこうと思いました。

日本は初戦、めっちゃ硬いなと感じました。でも西田（有志）とか、最初から「やるぞ」って気持ちが入っていた選手はやっぱりよかったですね。西田は勝負強いし、本番で一番必要な選手だと僕は思っていた。彼が絶対に崩れなかったことが、日本の強さを支えていたと思います。ＯＱＴ（パリ五輪予選）の時も彼が引っ張っていた。ああいうパッションを持ってやる選手が個人的に好きですね。

準々決勝のイタリア戦でチームが変わったのは、（石川）祐希さんのスイッチだと思います。予選ラウンドはうまく噛み合わなかったんだと思いますが、誰かの調子が悪くても、代わって出た選手、例えばアメリカ戦で大塚（達宣）が出て活躍したことが、今の日本の強さ。1人ひとり、個の力が強くなってきた分、打開できた。（アメリカ戦で）0－2になった時はマジでヒヤヒヤしましたけど（苦笑）。

もっと楽しんでよかったんじゃないかな

イタリア戦第3セット24－21とマッチポイントを握った時は、余裕で「もう勝った」と思いました。勝つと信じていたというか、確信していた。「こんなにあっさり勝っちゃうんだ」と思いましたね。24－22から祐希さんのスパイクがアウトになって、取り急いだなと思いましたけど、あれは狙った（結果の）ミスなんで。そのあとのサービスエースがちょっともったいなかった。なんてことのないサーブだったんで。B、Cパスでも次につながるプレーだったらよかったかなと。まあたらればですけど。運もあったし、相手の力量もあった。でも（第3セット）終盤あそこまで行ったら、余裕は持ってよかったかなと。集中しすぎたのかもしれない。（気を）抜いたとか、皆さんは思うかもしれないですけど、そんな選手はいないんで。「ここ絶対取るよ！」となりすぎていたのかもしれない。もっと楽しんで、笑うぐらいでよかったんじゃないかなとも思いますね。何が正しいかはわからないですが。

試合後もスタンドに留まっていた小川は、コートの小野寺太志らに手招きされて、アリーナに降りていった。シューズを脱いでコートに入ると、トコトコと選手たちの輪に加わり、リベロの山本智大に抱きついて言葉をかけた。

外履きだったんで普通に脱ぎました。コートなんで。まあ海外の体育館は外履きでもみんな気にしないんですけど、汚いから。僕、フライングする時、汚いコート嫌なんで。トモさん（山本）は、自分自身のためにも、チームのためにも、僕のためにもプレーしようとしてくれていたし、同じポジションでずっとやってきたから。あの時は結構（気持ちが）落ちていたので、「よかったよ」と声をかけました。オリンピックにふさわしいプレーをしていたから。負けたことにフォーカスしがちだけど、あそこでやっているだけですごいこと。それを勘違いされたら嫌だった。

もちろん勝つことを目標にしているし、アスリートとしてみんな結果を追い求めているのは重々承知だったんですけど、僕はもうメンバーを外れて、あそこに立っているだけですごいってことを知ってるんで、それを伝えたかった。あんまり顔は見てないけど、トモさん泣いてたのかな……。「マジですまん」みたいな感じでみんな言っていたけど、なんで謝るのか、よくわかんなかった。

次の代表については、すぐには考えられない。負けたから次とか、落ちたから次といったレベル感で僕は考えていなかったので。6、7年ずっと目指していた場所だったから。その本気度でもう1回自分と向き合ってやれるかといったら、わからない。でもバレーのスキルについては向き合えるので、それはずっと続けようと思っています。今はSVリーグでしっかり自分のパフォーマンスを上げ続けることが第一ですね。

チームが自分をリスペクトしてくれているかを大切にしたい

小川は2024-25シーズン、ウルフドッグス名古屋からジェイテクトSTINGS愛知に移籍。多くの日本代表選手や、アメリカ代表のトリー・デファルコ、ブラジル代表のリカルド・ルカレッリという世界的なアウトサイドヒッターとも日々連携を高めている。

新しい環境で一から関係性を作っていくのは楽しいし、やりがいはあります。外国人選手は、彼らがこれまでやってきたことと、日本での戦い方は違う部分もあると思うし、プライドもある。例えば、ポジション6（後衛のセンター）のディグが、僕が入ったほうが絶対上がるなと思って「交代しよう」と言った時、最初は「NO!」となっていたけど、もう今は普通に交代するようになっています。そこは、自分ができると見せることで変わる。そうじゃないと納得しないと思います。

昨シーズンまではずっと同じチームでやっていましたが、さらに成長するために移籍を決めました。海外も含めいろんなチームを回ってみたいなというのもあって。プロ選手なので、お金の面とかいろいろな条件を踏まえてですが。自分をリスペクトしてくれるチームでプレーがしたいと思ってい

Photo : Sports Nippon Newspapers Co., Ltd./Aflo

た。ウルド（ウルフドッグス名古屋）はもちろんリスペクトしてくれていたんですけど、他のチームからの評価もいただいて。

海外のトップレベルのチームでも、リベロによってどれほどチームが変わるかを、いまだにわかっていないことが多いのでは？　と感じます。なぜフランスが強いのかとか、（フランス代表のリベロ）ジェニア・グレベニコフの存在感とか。スパイカーがいいのに弱いチームがあるのはなぜなのかとか。リベロやセッターに問題があるからなんですが、それをわからずにスパイカーばかりにフォーカスしているチームもある。そういったチームには行きたくない。外国人枠をリベロに使うチーム自体少ないですし。イタリアやポーランドからのオファーもありましたけど、まあいいか、と。

日本のリーグもレベルがどんどん上がっているし、SVリーグは夢があると思うんで。どんどんビジネスになっていけば、今後、セリエAの比にならないくらい日本に選手が集まってくると思う。26‐27シーズンからはもう1枠外国人枠も増えますし。

自分自身はもっともっとスキルを磨いて、安定感も向上させていきたい。理想とかはないですね。楽しく、普通にやれていれば、いいです。

小川智大

おがわ ともひろ（ジェイテクトSTINGS愛知）リベロ。1996年7月4日生（28歳／神奈川県）。175cm・67kg。最高到達点305cm。国内リーグではサーブレシーブ部門で日本記録を樹立した他、数々の個人賞に輝いている。守備だけでなくトス技術も大きな武器。日本代表初選出は2021年。川崎市立橘高→明治大→WD名古屋

14
CHAPTER

「世界を目指して
やっていきます」
と大きな声で
言いたい

エバデダン・ラリー

EVBADE-DAN LARRY

Photo : Kazuya Miyahara

「お前どうすんの？　絶対来たほうがいいって！」

「ミドルは2m以上ないと、無理だろ」

以前はそういう空気を感じていて、身長190㎝台の僕は、正直日本代表やオリンピックを諦めていました。言い方はよくないかもしれないけど〝身長採点〟みたいなものがあるんだろうと思っていた。

でも大学3年の時にパナソニックパンサーズ（現・大阪ブルテオン）に声をかけてもらってVリーグ（現・SVリーグ）でプレーしてから、日本代表に呼ばれるようになっていきました。

ただ、パリ五輪に行けるとは正直思っていなかった。さすがにあの3人がいたら厳しいなと。山内晶大さん、髙橋健太郎さん、小野寺太志さんです。だからパリ五輪メンバーの選考期間は、監督にというより、世界に「俺がいるぞ！」とアピールしたつもり。4年後のロサンゼルス五輪に向けて。

パリ五輪のメンバー発表の時は、自分の名前が呼ばれなかったことより、「このチームが終わっちゃう」という悲しみのほうが大きかった。2年間ずっと家族みたいに過ごしてきたから。

パリに同行するかどうかは自分で決めていいと言われましたが、最初は行かないつもりだった。もう気持ちは切り替えられていたし、SVリーグに向けて体を作っていこうと思ったので。

でも石川（祐希）さんや西田（有志）さんに、「お前どうすんの？　行くの？　行かないの？」って、結構ズケズケ聞かれて（笑）。「いや、ちょっと考えてますね」と答えたら、「絶対来たほうがいいって！」と言われたので、じゃあ行ってみるか、と。体作りならパリでもできるし。

パリでは小川（智大）さん、富田（将馬）さんと3人でシェアハウスで生活し、試合会場にはトラム、練習会場には自転車で通いました。選手村に入れなかったり、みんなと一緒に行動できなかったりして、気持ち的につらい時もありました。格差あるな、ちょっと嫌だなって。でも基本的にパリでの生活は楽しかった。外食も多かったですけど、自炊もしました。チャーハンを作ったり、お肉や野菜を買ってきて適当にシャーッと焼いたり。バターチキンカレーが最高に美味しかった。

小川さんがとにかく働かなくて！（笑）。料理もしない、洗い物もしない。「なんだこの人！」って。「やってくださいよ、小川さん」と言っても、「あーオッケーオッケー」と答えながらずっと寝てるんです。まあそれも楽しかったですね。3人の絆は深まったと思います。「次は3人揃ってロス行こうぜ」なんて、そんな男の熱い友情みたいな話はしていません（笑）。もちろんそのつもりだと思いますけどね。

まだやりたそうですよね、あの人たち（笑）

試合はずっとスタンドから見ていましたけど、イタリア戦第3セットで24－21とマッチポイントを握った時は、「もう行けるでしょ。これ勝てるよ」となって、一緒に座っていたみんなと握手しました。あの場面は、誰しも思ったんじゃないですか。「もう行ったわ。最後は石川頑張れ！」って。

相手にサイドアウトを取られても、次、まだ2点あるし。石川さんがスパイクミスしたけど、まだリードしてるし。でもどんどん、あれ？　あれ？　って……。第4セットも取られて、もうヤバイヤバイしか言えなくなった。何をやっても通じなくなって。自分は何もできないし。もどかしくて。中にいた選手は本当に難しかったと思います。勝ったでしょ、と中の人も思ったと思う。そこで、何かが外れちゃったのか、なんだろう、わかりませんけど、イタリアがつけ込んできましたね。

試合後、みんなが呼んでくれてコートに入りました。本当は僕と小川さんはダメなんですけど、裏方の方々が融通を利かせてくれた。たまたま日本人のボランティアの方がいて交渉してくれて、「行っていいらしいですよ。行ってらっしゃい」って。すげえな、めっちゃいい国だなと思いました。

コートに入ったら真っ先に（大塚）達宣のところに行きました。達宣の顔見たら、感情がこみ上げてきちゃって、何も言えなくて……。大学3年の時にパナソニックでチームメイトになってからずっと一緒だったのに、ブルテオンからもいなくなってイタリアに行っちゃうし。

「もう達宣とバレーできるのも終わりかあ」と思ったら泣けてきて。達宣もボロ泣きで。

「お疲れ様。マジで、ようやったな」って。それしか言えなかった。

感情ぐちゃぐちゃでしたね。負けて悔しいし、オリンピック終わりだし、みんなともバイバイだし。もう、わぁーと泣いちゃって、あとは何も覚えていません。

パリ五輪で代表は最後になってもいいという覚悟で臨んでいた山内晶大や髙橋健太郎も、再び代表への意欲を見せ始めている。ロサンゼルス五輪に向けたミドルブロッカーのポジション争いはこれまで以上に熾烈になりそうだ。

やりたそうっすよね、あの人たち（笑）。ツンデレなのかわかんないけど、かわいいなーって（笑）。「オイオイ」なんて全然思わない。まだまだ一緒にやりたい。山内さん、健太郎さん、小野寺さんの3人は言語化能力がすごくて、「これどうしたらいいですかね？」と聞いたら、パパパーッとすぐに教えてくれる、本当にいい先輩たちなので。

山内さんには、ミドルとしての立ち居振る舞いを教わりました。ミドルってあまり目立たないポジションじゃないですか。クイックは目立つけど、普段は地道にブロック跳んだりしているだけなんで。だから、ボールに触れなくて苦しくても、耐えながら頑張っていこうぜ、地道にやっていこうぜ、みたいな感じで。

小野寺さんはバレーが上手。ボールコントロールがすごくいいんですけど、そのための準備動作が大事なんだと教わりました。例えばショートサーブを取る時に、どこにポジショニングして、どう体を使えばいいのかとか。だからあの人はいろんなことをそつなくこなせるんだなと納得しましたね。

健太郎さんは、海外選手も顔負けの身体能力の持ち主で、僕は化け物だと思っているんですけど、ブロックをひたすら教えてくれました。「今の出し方よかったよ」とか、練習中もずっと言ってくれるのですごくモチベーション上がりますね。健太郎さんがチームにいたらみんな成長していきそうです。

「あいつやべえ」と世界に恐れられる選手に

僕にとって、あの人たちは欠けちゃダメな存在でした。オリンピックに自分が出られなくてもいいから、3人にはいて欲しかったんです、昨年は。でもこれからは、3人がいても僕が追い抜くぐらいじゃなきゃいけない。

そのための一番の武器は攻撃力です。決定率を上げるために重要なのはセッターとの関係なので、「今の合わなかったけどもういいや」じゃなく、3本でも4本でも合うまで突き詰めてきました。

対世界になると、最初は相手の高さに面食らいましたけどね。国内だったら（ブロックの）上から打てていたのに、こっちでは全然打てねえじゃんって。悩んでいたんですけど、深津（旭弘）さんや関田（誠大）さんから「上がダメなら横でいいじゃん」とアドバイスをもらって。

「それはそうっすね」と言って、ブロックがバーッと出てくる脇を狙った。2人はトスでかわしてくれたり、ちょっと流してくれたりするので、僕は隙間を狙って。

「横がダメなら、来る前に打ちゃいいじゃん」とも言われました。「それはそうだけど、来るじゃん、ブロック」と思いながら（苦笑）。そんなムチャ振りしてくるセッターばかりなので、成長しましたね（笑）。相手ブロックがまだ出てこないなら、先に打っちゃえば決まる。出てきたら、ブロックを

Photo : Kazuya Miyahara

見て、考えて決める。後出しジャンケンみたいに。そうやって選択肢は増えました。

僕はあまり先のことは考えていなくて、とりあえず今年のリーグ頑張ろうとか、できるところからやっていこうという性格なんですけど、「世界を目指してやっていきます」ということは大きな声で言いたい。世界には「あいつやべえ」って選手がいるじゃないですか。例えば、アメリカのセッター、マイカ・クリステンソンとか、イタリアのアレッサンドロ・ミキエレットとか。そういう選手になりたい。それぐらい恐れられる選手ってカッコいいなと思うので。

ミドルだったら、アルゼンチンのアグスティン・ロセル。彼は身長190cm台（198cm）で、世界の中では大きくない。でも世界ナンバーワンと言っていいぐらいすごいミドル。彼はブロックもサーブもいいけど、攻撃に一番自信を持っていると思う。アタックラインぐらいのパスでも、彼はどこからでもコンスタントに打ってくる。

僕が思ういいミドルブロッカーは、高さじゃなくスピードが際立つ選手。ブロックの寄りが速かったり、「どっからでも打ってくんじゃんお前」と言われるような。そういう「あいつ嫌だな」と思われる選手になっていきたいと思っています。

エバデダン・ラリー　えばでだん・らりー（大阪ブルテオン）ミドルブロッカー。2000年8月18日生（24歳／岐阜県）。195cm・90kg。最高到達点350cm。大学4年の2022年に日本代表初選出。24年のネーションズリーグ・アメリカ戦では先発出場し、驚異的なスパイク決定率で勝利に貢献した。松本国際高→筑波大

CHAPTER 15

あれが自分の100%。だから答えが見つからない

西田有志

NISHIDA YUJI

Photo：Yohei Osada/AFLO SPORT

このチームでやるの、もう終わりかよ

あの時、なんで泣いたのか、覚えていないんですよね……。

最後のシーンはハッキリ覚えています。パリ五輪で一番鮮明に残っている場面ですから。準々決勝イタリア戦の第5セット15－16で、自分にトスが上がってきた。タイミングが合わなくて、あのシチュエーションで打っても自分の技術の中ではたぶんシャットされてしまうだろうという感覚があったし、チームとしてもリバウンドを取ってから攻め直し、ラリーを制するというところを強みにしていたので、オーバーハンドでリバウンドを取りにいった。ただフォローのボールがネットを越えて、相手に押し込まれた。

あそこは冷静だったし、あれ以上の選択はなかったというか、自分の技量の中ではあれがMAXの選択でした。それがうまくいかなかったのは非常に悔しかった。もっとああすればこうすればというのは、どのプレーに対しても出てくるものなんですけど、最後の点数がああなったので余計に……。自分に技術がもっとあれば、決め切る力がもっとあれば、と考えますね。

終わった瞬間はいろんな感情がありました。負けて悔しいというのはもちろん。でもそれより、このメンバーともう一緒にやれなくなることが一番、嫌だなと思ったんです。その悲しさがすごくあった。みんな常に仲がよかったし、スタッフと選手の関係性もよかった。あのチームの居心地がよすぎ

Photo：Kazuyuki Ogawa/PHOTO KISHIMOTO

たから……。
「ここでか」と。

「このチームでやるの、もう終わりかよ」って。いつか終わりは来るにしても、

本当にいろいろな思い出があるチームでした。（フィリップ・）ブランとも長かったし。僕が2018年に初めて日本代表に入ってから、7年間、一緒にやってくれた。こんなにも長く自分を見続けてくれる人に出会ったのは初めてでした。高校を卒業したばかりで知らないことだらけだった自分を、最初から最後まで見てくれたので、感謝しかないですね。

何が必要なのかを常に問いかけてくれて、「お前にはこれが必要だ」と教えてくれた。メンタル的に強くなったり、考え方も、まっすぐと言ったらおかしいかもしれないけど、シンプルかつ理にかなった考え方ができるようになったのは、ブランのおかげです。

ブランは本当にバレー馬鹿で、誰よりもデータを見て、誰よりも戦術を考え、自分たちが想像もしなかった戦術を発案してくるので驚きます。コーチングも、選手との関係の作り方もうまい。もちろん選手によって合う合わないや、好き嫌いもありますけど、ハマることが多いんですよ。

例えば、パリ五輪でもやりましたが、ブロックの時に手をグーにするのも、ブランが発案してやり始めたことでした。あれは2年前だったか、3年前だったか……。

「今、スパイカーのブロックアウトの能力が上がっているから、ブロックの時に指をグーにして跳んだら、（指の）5㎝分のボールがアウトになるぞ」って言い出して。

「うーん……やらんくね？　やらんよな」

当時、僕らはそんな感じでしたけど、昨年やってみたら、本当にブランの言った通りになったから、改めて「すげえな、こいつ」と（笑）。発想がすごい。なんというか、バレーをいい意味で遊びのようにやっているところがある。フランスってなんか違うのかな、だからフランス代表のガペ（イアルバン・ヌガペト）たちもあんな感じになるのかなと最近思ったりするんですけど。

イタリア戦後は、ブランにこう言われました。

「お前がやっていることは一流だし、間違っていないから。常にそこに対して自信とプライドを持って、これからもやっていけよ」

その言葉にも泣けたんでしょうね。

選手もスタッフも、最高の組織でした。あれほどいいチームはなかった。

2人がフォーカスされる難しさ

僕は初戦のドイツ戦から、この舞台がオリンピックだからどうこうではなく、「このチームで戦えるのはあと数試合だけなんだな」という感情がありました。このメンバーでやれる、ブランのもとでやれるのは、この大会が最後なんだなと。

でもそれで硬くなったりすることはなく、いつも通りやれていた。僕自身は昨年の代表シーズンを通してパフォーマンスが悪かったことが非常に少なかったので、メンタル的にも落ち着いて、焦りなくできていた。ただチームとしては、いつもは出ないようなミスが出たり、うまくいかないところがあって焦りが出て、少しずつ受け身になり、悪循環が生まれていたように感じました。

例えば、(石川)祐希さんのコンディションが上がりきっていなかったり、(髙橋)藍もイタリアのシーズンで負った怪我の影響があったりして、ちょっとずつ違いが出ていた。

僕らは彼らがどういう選手か知っているから、「お？　どうした？」と。いつもの祐希さんだったらこんなことしないのにとか、いつもの藍だったら抜けているスパイクがシャットされたりとか、自分たちが知っている彼らとのギャップが見えて、少しあたふたした部分があったのかなと。

やっぱり先頭に立っていた2人だったから。もちろん僕も先頭に立とうとしてはいましたけど、どうしても2人に注目が集まるチームだったことは間違いないし、これからもそうではあると思う。チームで戦っていても、フォーカスされるのが2人になってしまって、それは本人たちも本意ではないと思いますけど、そこが自分たちにとっても、本人たちにとっても、やりづらさはあったのかもしれない。

海外のチームも「石川を止めれば」となっているところはあったでしょうし。日本が強みとしていたところだけど、そこがうまく回らなくなった時に、自分たちも「どうしたどうした」となった。

自分が支えてあげられたらなというのは常に思っていて、2人がうまく回らない時に、自分がもっと精神的支柱にならないといけないなというのはありました。

やっぱり勝つチームは、誰かが崩れても他の選手が底上げをして、その人たちを引っ張っていける。例えば、フランスを見た時に、「やっぱガペでしょ」とはならない。ガペはすごい選手だけど、ガペがダメでも（トレボール・）クレブノだったり、他の選手がボコボコ出てくる。誰かが突出しているわけじゃなく、全員が同じモチベーションやキープ力を持っていて、同じベクトルを向き、同じフォーカスのされ方で、というのが強みなんだろうなと改めて感じます。

そういうチームになったら展開が変わったんだろうなというのは、みんなドイツ戦の負けから感じたんじゃないですか。あの2人が悪いというわけでは全然なく、自分たちがもっと力をつけなきゃいけないと痛感しました。

2人が注目され、取り上げられているおかげで、今こうやってバレー人気が高まっていることは間違いない。多くのファンの方たちを連れてきてくれていることは本当に感謝すべきだし、助けてくれている場面がほとんどなんですけど、オリンピックの年になって、バレーボールの難しさというか、チームスポーツの難しさをすごく感じました。

2人が合流前だったネーションズリーグのブラジルラウンドは、「やってやろっか」みたいな、振り切った感じでできていたんですけど。誰か1人、2人に対してフォーカスが当たりすぎると、その選手が崩れた時に、崩れるつもりがなくてもチームが崩れるんだなと感じた。あんなかたちになるとは。それがオリンピックだから余計に際立ってしまったのかなと。

2人がフォーカスされるのは仕方がないし、僕はポジションも全然違って張り合う部分もないので気にしていなかった。他の選手もたぶん気にしていなかったと思います。僕らより、難しさを感じていたとしたら一番は関田（誠大）さんかもしれないですね。関さんが一番チームの、人間で言えば〝脳〟なので。

みんなを操る時に、どこかに引っ張られる要素があるとやっぱり難しいと思う。僕が感じたことがないようなプレッシャーを持ちながらやっていたと思うし、僕らとは違った視野の使い方なので、一番苦しかったのは関さんなんじゃないかなと。純粋に勝負のことだけでなく、いろいろなことを考えなきゃいけなくなっていたかもしれない。僕が関さんの立場だったら、たぶんよぎると思うので。それを感じさせなかった関さんはすごいなと思いますけど。

自分の100%を出したけど……

僕自身は、祐希さんの調子が悪かったら打つ手がない、というのは嫌だったので、「祐希さんが調子悪いけど、だから何？」という感覚でずっといました。「自分が決めればいいっしょ。それで祐希さんが上がってくればよくね？」と。

祐希さんでもダメな時はあるし、僕もダメな時は絶対ある。誰か1人だけが突出してよくても勝て

Photo : Yohei Osada/AFLO SPORT

ないのがバレーボールなので、引っ張られすぎないことは大事。祐希さんは人一倍力もあるし、ストイックだし、影響力があるんですけどね。一番悔しかったのは祐希さん本人だったと思います。僕はもう僕にしかできない仕事をやり続けることしか考えていなかったし、「全員でカバーすればいいでしょ」と。大雑把な考えかもしれないけど、一番シンプルだし、それが自分の中で一番やりやすい考え方だった。

だから祐希さんに対して気を遣うということもなかったし、僕自身はストレスを感じてもいませんでしたが、他の人がどうなのかというのは気にしていましたね。

例えば、関さんに、「大丈夫。俺がいるから決めるよー（笑）」って、軽く言ったりして。ストレスを一つでも自分が拭えればと思っていた。関さんが壊れたら終わってしまうから。このチームはノーストレスの状態でやったら強いということは、一番わかっていましたし。

いつもより神経質になるのがオリンピック。あの時のチームの雰囲気はよくなかった。ネーションズリーグ中だったら、「ごめん」で終わるようなことが、そうではなくなったりする。みんな勝ちたいと思っているから余計に神経質になるんですよね。

ただ、僕は、あそこでできることは100％やり続けてはいました。

僕自身、あれほどコンディションがよかったことはなくて、非常にいい状態でプレーできていた。パリのために3、4年かけて蓄えてきた知識や力は、出せてはいたんです。なのにチームの結果がついてこなかったから、うまく整理がつかない。

じゃあ何をどうすればよかったのか、足りなかったものは何なのか、終わってからずっと考えていますけど、答えが見つからなくて、常にループしている状態です。プレー以外の、その場その場のチームに対するアプローチの仕方も、間違っていなかったんじゃないかと考えています。

自分個人としては、あの時出したものが自分のMAXだった。自分がやれるものを全部出したのがあの大会だった。それでもチームを勝たせられなかった、チームがマイナスな方向に行ってしまったというところの、自分の力のなさに、非常に悔しさがありました。チームを勝たせる力というのは、僕が非常に欲している力でもあるので。

好調の要因は食生活

だが、日本代表が唯一パリで掴んだアルゼンチン戦の勝利は、西田が導いたものだった。決勝トーナメントへの生き残りをかけた第2戦、西田が強烈なサーブでレシーバーを次々に弾き飛ばし、第1セットだけで5本のサービスエースを奪う圧巻の活躍でチームに勇気を与えた。鬼気迫る表情で雄叫びをあげたかと思えば、満面の笑みでチームメイトと目を合わせ、空気を変えていった。

僕、アルゼンチン戦の印象がないんですよ。勝ったことだけしか。僕なんかしましたっけ？（笑）。

サービスエースは確かにありましたね。でも、「ああ、サーブ、戻ってきたかな」ぐらいの感覚で。本当に思い出がない。普通でしょっていう感覚でやっていたから。

あの試合に勝たないともう終わっていましたから、集中はしていましたけど、そんなに自分の中でキーになったとか、振り返って考えることはないですね。「勝ってよかったな」というぐらい。

ただ、非常にいいコンディションでパリ五輪に臨むことができていたのは事実です。

好調の理由は、当たり前のことを当たり前に、規則正しい生活をより丁寧にするようにしたからというだけなんですけど。体重が落ちて、それをキープし続けられたことは一つの要因だと思います。

ネーションズリーグが始まる前に、体重を7、8kg落として、ベスト体重の85、86kgぐらいに戻したんです。食べる量を減らしたわけじゃなく、食べるものを変えたら、体重が落ちました。

もともと質素な食事でしたけど、より質素に。あと、以前はプロテインをたくさん摂取していたんですけど、プロテインはリカバリーのためのアミノ酸や、ビタミンCだけにして、必要なものは基本的に食事で摂るようにしました。そうしたらベスト体重に戻った。

昨年4月に測った時には93kgあったんです。トレーニングをハードにやり続けているうちに増えてしまっていた。「これはよくないわ」と思って、そこから2ヶ月ぐらいで落としました。

力強さを出すとなったら、僕の感覚では87kgぐらいがいいんですけど、一番動きにキレが出てくるのは85、86kgぐらいですね。その状態でパリ五輪に臨むことができました。

Photo：Yohei Osada/AFLO SPORT

ここで身長かよ！

準々決勝のイタリア戦も、当たり前のことを当たり前に、と自分に言い聞かせていた。「これほんとに（準決勝進出）あるな」という意識はありましたけど、それが出過ぎたらプレーに影響するので。

イタリア戦では、それまで苦しんでいた祐希さんもすごくパフォーマンスが上がっていて、藍も戻ってきていた。

「よー戻ってきたな。やっぱさすがやな」と思いましたよ。

あれだけの試合になりましたけど、勝負の分かれ目は、やっぱり最後の1点というところですかね。3－0で勝てることはないだろうと思っていたし、3－0で勝つということを意識しすぎるのはよくないと考えていました。自分のメンタルに余裕を持たせるために。このチームは勝てるチームになっているという思いはありましたけど、考えていたのは常にシンプルなことだけ。点決めた。喜んだ。次。決めた。喜んだ。次。それだけでした。僕はもう、上がってきたトスを打つだけだったから。決め切れなかったら自分の責任だし。

第3セット24－21のマッチポイントになった時も、変わらず……を意識してはいました。「勝てる」と思ったらたぶん負けると思ったので。そこから決め急いでしまったり、トランジションを取られた時に焦ってしまうから、それは絶対よくないと思っていましたけど……。でも、終わってから考えると、やっぱりあのシチュエーションになったら、「勝てる」と思ってまうやろ、と（苦笑）。シモーネ・ジャンネッリにサービスエースを取られて24－24と追いつかれたあと、僕のスパイクがアレッサンドロ・ミキエレットにブロックされました。

しっかりブロックが見えて、「あ、これ絶対行けるわ」と思ったんですけど……。

自分が打とうとしているところに、ミキエレットの右手があったんですよ。「今日の感じだったらこの右手絶対飛ばせる。ブロックアウトを取れる」と思った。でも相手の左手が見えていなかった。右手のちょうど親指あたりが見えたので、そこを狙った時に、左手が出てきて、思いっきり止められた。ワイパーみたいに腕を振ってきて、止められたのを覚えています。

ミキエレットは手を中（クロス側）によく入れてくるので、右手がその分、離れるから、右手に当てて飛ばそうと思ったんですけど、やっぱり身長も高いし（２０５㎝）手も長いから、右手まで届かなかったというのはありました。

「だる！　ここで身長かよ！」と思いました。悔しかったというか、腹が立ちましたね。自分にないものを持っている相手が、それを武器にしてきたのが一番きついな、と。

あの時、関さんはめちゃくちゃいいトス上げてくれたのに。自分も、焦っていたとか冷静さを失っていたというのはなく、ブロックも見えて、しっかり狙っていた。それまではずっとブロックアウトだったり、いろいろやりながら点を取れていたので、「これ決めれる」と思ったんですけど、それが負けだったのかなと。うまくいかないもんですね。

まだまだ全然、トップレベルじゃねえなって、相変わらず思いました。確かスパイク決定率は50%を超えていた（52・9%）んですけど……。ポイント、ポイントなんですよね。勝てたとも思うけど、でもその勝つために取るべき要所のポイントを取った場面が、相手のほうが多かった。相手が持っていた。それしかないと僕は思います。

出し切ったという思いもあるし、めっちゃええ試合をやったとは思うんですけど、なんか「ええ試合やった」と言われると、余計に悔しいんですよ。

4試合を通して好調を維持し、チームトップの81得点をパリに刻んだが、準決勝には届かなかった。試合終了の直後、西田は受け入れ難い現実に抗うように、イ！と顔を歪めた。そして、呆然と肩を落としながら整列に向かう石川キャプテンに後ろから抱きつき、言葉をかけた。

「よう戻ってきたな。さすがやわ。やっぱすげえよ！」

あの時かけたのはそんな言葉でしたね。結果がどうとかじゃなく、ここまでよう戻ってきたなって。一番というか、ほとんどのストレスを祐希さんが抱えていただろうから、しんどかったと思う。僕と山内（晶大）さんが副キャプテンをやっていたけど、どれだけそのストレスを緩和できていたかはわからない。ずっと、一番重圧を感じていたのは祐希さんだった。

試合後、みんな、なかなかコートを離れられなかった。あのチームが終わってしまうことが悲しくて、名残惜しくて。嫌いだったら、あんなふうにならないですよね。本当にすごいチームでしたよ、あのチームは。

自己投資しないと先がない

今後の日本代表については、1年休むということは決めています。

とはいえ、ゆっくり休むというわけではなく、トレーニングだったり勉強だったり、すでにオフシーズンのスケジュールを組んでいて、常に動き続けるつもりです。フィジカルもメンタルもプレーも、自己投資する時間を作らないと、この先がないなと思ったので。

このまま以前と同じようにやっているだけでは、成長がないというか、考えが新しくならないから、代表に行ってもたぶん同じことを繰り返すんじゃないかと。だから考え方や自分の能力を、新しくしたり、今あるところからどんどん派生させていきたい。

もちろん体の負担が積み重なっているからというのもありますが、「自分を変えたい」というのが一番にあります。これまで自分が知らなかった分野に足を踏み入れていこうと。

例えば、ピラティスとスポーツって相性がいいんじゃないかとか、将棋をやっている人はこのシチュエーションでどう考えるのかな？　とか。いろいろな動きや考え方を持っておけば、選手として面白いんじゃないかと思って、今いろんなアイデアを書き出しています。もちろん主体はバレーボールですけど。今ジャンプトレーナーにもついているので、必要な分野を常に向上させて、息抜きするところは息抜きして、というイメージです。楽しみですね。お金はかかるんですけど、その分の楽しさと成長があると思うので。

もちろん次のロサンゼルス五輪のため、というのがベースにあります。ただ、リスクがあるのもわかっています。「代表を1年休む」と発言することに対しても、「代表でやれることを当たり前だと思っている」と捉えられてしまうこともある。全然そんなことは思っていないんですけど。

それに、1年休んだことで、「もう必要ない」と言われる可能性もあります。でもそう言われたら、見返すだけだし、後悔させるだけ。常に何があっても向上する方向にしか、僕は向いていないですね。

西田有志

にしだ　ゆうじ（大阪ブルテオン）　オポジット。2000年1月30日生（25歳／三重県）。186㎝・87㎏。最高到達点350㎝。2018年に17歳でVリーグデビュー。その年に日本代表初選出。オポジットとしては小柄ながら、類い稀な身体能力を武器にたちまち主力の一人に。東京五輪代表。海星高→ジェイテクト→Vibo Valentia（イタリア）→ジェイテクト

Photo : Kazuya Miyahara

EPILOGUE

15 VISIONS FOR THE FUTURE

KENTO MIYAURA

次のオリンピックは長いけど、迷いはない。もう一回り、二回り強くならないといけない。

TATSUNORI OTSUKA

どんどん欲が出てきている。まずは自分のスタイルを追求することを大事にしたい。

YUJI NISHIDA

日本代表を1年休む英断も、成長するため。自分が知らなかった分野に足を踏み入れたい。

AKIHIRO YAMAUCH

やっぱりロスを目指したい。そのために、駆け引きをもっと極めていきたい。

TAISHI ONODERA

ロス五輪ではパリ以上の結果を。次こそ“カタチ”になるものを残さないと意味がないから。

MASAHIRO SEKITA

パリ五輪はかけがえのない経験。バレーをもっと極めたいという気持ちがより強くなった。

AKIHIRO FUKATSU

この結果は「もう4年頑張れ」ということ⁉ 限界をつくらなければ体は動くと信じる。

Saori Fushimi, Michele Benda

TOMOHIRO YAMAMOTO

ロス五輪も目指すと決めました。リベロだし、怪我もないし。あと10年はやりたい（笑）。

KENTARO TAKAHASHI

五輪のメダルが欲しい。成長の道筋の先に、そこ（ロス五輪）があれば素晴らしい！

SHOMA TOMITA

パリ五輪の雰囲気の中でまた試合をしたいなと思った。4年後は自分の力でメダルを獲りたい。

RAN TAKAHASHI

4年後は間違いなくチームの軸として、今よりもチームを引っ張る存在になっていたい。

TOMOHIRO OGAWA

移籍は成長するため。海外も含め、いろんなチームを回って、スキルを磨きたい。

YUKI ISHIKAWA

代表は皆が目指す場所。力のある選手が選ばれるべき。どんな状況でもそこにいつづけたい。

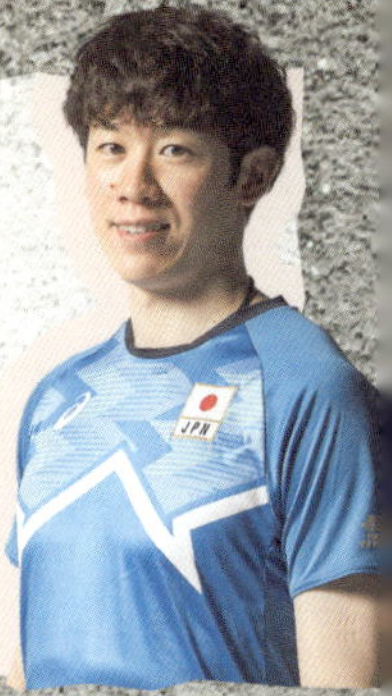

LARRY EVBADE-DAN

世界には「あいつやべえ」って選手がいる。そのくらい恐れられる選手になりたい。

MASATO KAI

4年後はアウトサイダーでレギュラーを目指す。そこまで持っていきたい強い気持ちがある。

Photo : Satoru Oka, Ayako Kubota, Shoichi Sakuta, Masahiro Nagata,Yoshie Nishikawa, Kazuya Miyahara,

STAFF

撮影／岡 暁、久保田彩子、作田祥一、永田雅裕、ニシカワヨシエ、宮原和也、
Michele Benda、伏見早織（世界文化ホールディングス 写真部）

取材・構成／米虫紀子
写真提供／平野敬久、AFLO、PHOTO KISHIMOTO
装丁／渡邊民人（TYPE FACE）
本文デザイン／谷関笑子（TYPE FACE）

編集協力／金子裕美（ブランニュー合同会社）
DTP／株式会社山栄プロセス
校正／株式会社ヴェリタ

編集担当／後藤明香

JVA2025-02-245

バレーボール男子日本代表
15人の肖像

発行日　2025年4月10日　初版第1刷発行
　　　　2025年5月10日　　　第2刷発行

発行者　千葉由希子

発行　株式会社 世界文化社
〒102-8187　東京都千代田区九段北4-2-29
電話　03-3262-5118（編集部）
電話　03-3262-5115（販売部）

印刷・製本　中央精版印刷株式会社

ISBN978-4-418-25411-8

本の内容に関するお問い合わせは、以下の問い合わせフォームにお寄せください。
https://x.gd/ydsUz